Die Frau in der Literatur

Isabella Bird

Eine Lady in den Rocky Mountains

Aus dem Englischen übertragen
und mit einem Nachwort versehen
von Silvia Dörfle

Ullstein Taschenbuch

Die Frau in der Literatur
Lektorat: Hanna Siehr

Ullstein Buch Nr. 30220
im Verlag Ullstein GmbH,
Frankfurt/M – Berlin

Deutsche Erstausgabe

Englischer Originaltitel:
›A Lady's Life in the
Rocky Mountains‹
First published by John Murray 1879

Umschlagentwurf: Theodor Bayer-Eynck
unter Verwendung einer zeitgenössischen
Illustration, Isabella Bird mit ihrem
Pony Birdie darstellend

Printed in Germany 1989
Gesamtherstellung:
Ebner Ulm
ISBN 3 548 30220 3

Februar 1989

CIP-Titelaufnahme der Deutschen Bibliothek

Bird, Isabella:
Eine Lady in den Rocky Mountains / Isabella Bird. Aus d.
Engl. übertr. u. mit e. Nachw. vers. von Silvia Dörfle. – Dt.
Erstausg. – Frankfurt/M.; Berlin: Ullstein, 1989
(Ullstein-Buch; Nr. 30220: Die Frau in der Literatur)
Einheitssacht.: A lady's life in the Rocky Mountains <dt.>
ISBN 3-548-30220-3
NE: GT

Inhalt

Eine Lady in den Rocky Mountains

BRIEF I

Lake Tahoe, 2. September 1873

Ich habe etwas traumhaft Schönes entdeckt, das man sein Lebtag ansehen und dabei seufzen könnte. Nicht so liebenswert wie die Sandwich-Inseln, aber schön auf seine eigene, typisch nordamerikanische Art! Da gibt es Berge, teilweise mit Schnee bedeckt, riesige Fichten, Redwoods, kalifornische Zuckerkiefern und Weißtannen; mitten darin ein mit Fichten gesäumter See, dessen Oberfläche all dies widerspiegelt. Vor mir, auf 6000 Fuß Höhe, liegt Lake Tahoe – ein zweiundzwanzig Meilen langer, zehn Meilen breiter und an manchen Stellen bis zu 1700 Fuß tiefer Bergsee. Schneegekrönte Gipfel, 8000–11 000 Fuß hoch, umschließen ihn von allen Seiten. Die Luft ist glasklar und eiskalt. Außer dem entfernten, leicht musikalischen Klang einer Axt hört man keinen Laut.

Schon der Gedanke, in den Lärm von San Francisco zurückzukehren, ist mir zuwider. Gestern, als ich es in seinem frühen Morgennebel verließ, kam ich bei meiner Fahrt zur Oakland Fähre durch Straßen, auf deren Gehsteigen sich Tausende von Kantalupen, Wassermelonen, Tomaten, Gurken, Kürbissen, Birnen, Trauben, Pfirsichen und Aprikosen türmten – die größten, die ich je gesehen habe. In anderen Straßen lagen Mehlsäcke gestapelt, die hier die ganze Nacht über draußen liegenblieben, da man in dieser Jahreszeit vor Regen sicher ist.

Den ersten Teil der Reise will ich nur kurz skizzieren: Als wir die Bay überquerten, war es eiskalt und neblig wie im November; im Zug sah es durch die vielen »Lunch-Körbe« ganz so aus, als ginge es zu einem großen Picknick; ich warf einen letzten Blick auf den Pazifik, den ich fast ein Jahr lang vor Augen hatte; landeinwärts schien die Sonne grell vom strahlend blauen Himmel; man sah deutlich, daß es hier lange nicht mehr geregnet hatte, von einer Dürre allerdings

konnte man nicht sprechen; die Blätter des giftigen Lacksumachstrauchs färbten die Talränder flammendrot; in den staubigen Weingärten hingen dicke blaue Trauben, und unter den Stöcken lagen große, verstaubte Melonen auf der staubigen Erde. Das Getreide hat man schon im Juni von den endlosen Feldern eingeholt; jetzt liegt es, in Säcke verpackt, am Bahngleis und wartet auf den Abtransport. Kalifornien ist ein »Land wo Milch und Honig fließen«. Die Scheunen platzen aus allen Nähten; in den staubigen Obstgärten muß man die Zweige der Apfel- und Birnbäume stützen, damit sie unter ihrer Last nicht zusammenbrechen; riesige Melonen, Tomaten und Kürbisse liegen fast unbeachtet am Boden; im Schatten der Eichen ruht vollgefressenes, fettes Vieh, und das Fell der prächtigen »roten« Pferde glänzt nicht vom Striegeln, sondern vom guten Futter. Die blühenden Farmen, die man hier überall sieht, führen einem vor Augen, auf welch solider Basis der »Golden State« gegründet ist. Wenig einladend, wenn auch sehr fruchtbar, war das glühendheiße Tal des Sacramento, äußerst abstoßend die Stadt selbst, die trotz einer Entfernung von 125 Meilen vom Pazifik nur dreißig Fuß über dem Meeresspiegel liegt. Das Thermometer zeigte vierzig Grad im Schatten, der feine, weiße Staub erstickte einen fast.
Am späten Nachmittag begann der Aufstieg in die Sierras, deren sägeblattähnliche Zacken schon aus großer Entfernung zu sehen waren. Die staubige Fruchtbarkeit blieb zurück, die Gegend wurde felsig, das Land war tief eingeschnitten durch die Flüsse, die das schlammige Waschwasser der Goldminen dem noch schlammigeren Sacramento zuführten. Als wir in die kühle, klare Bergluft aufstiegen, wurden die Bergkämme immer länger, die Schluchten immer tiefer und die Fichten immer mächtiger. Noch vor sechs Uhr abends hatten wir die letzten Spuren der Zivilisation und die letzten Laubbäume hinter uns gelassen.

In Colfax, einer Station auf 2400 Fuß Höhe, stieg ich aus und ging den Zug der Länge nach ab. Zuerst passierte ich die beiden großen, schmucken Lokomotiven, die *Grizzlybear* und die *White Fox*, und ihre mit Brennholz gefüllten Tender. An jeder Lok war vorne über dem Kuhfänger eine große Spiegellampe angebracht. Man sah viel poliertes Messing, komfortable Glaskabinen, und für die Lokführer gut gepolsterte Sitze. Als nächstes folgten die Gepäckwagen, ein Postwagen und ein Express von Wells, Fargo & Co., letzterer mit wertvollen Paketen und Münzbarren beladen und von zwei »Express Agenten« bewacht. Danach kamen zwei Waggons mit Pfirsichen und Trauben, zwei »Silver Palace-Wagen«, ein Raucherwagen, um diese Zeit vor allem mit Chinesen besetzt, und zum Schluß fünf einfache Passagierwaggons. Insgesamt brachte es der Zug auf eine Länge von über 700 Fuß. Auf den Plattformen der vorderen vier Waggons drängten sich Digger-Indianer mit ihren Squaws, ihren Kindern und ihrem Gepäck. Sie sind vollkommen wild, ohne jede noch so primitive Kultur, und befinden sich in weit schlimmerer Verfassung als all die anderen unglücklichen Stämme, denen die Ausrottung durch die Weißen droht. Sie wirkten alle miteinander recht winzig, hatten platte Nasen und große Münder. Ihre langen schwarzen Haare waren über den Augen gerade abgeschnitten und hingen an den Seiten und über den Rücken glatt herunter. Die Squaws trugen ihre Kleinkinder an Bretter geschnallt auf dem Rücken. Ihr Haar war dick mit Pech beschmiert, das sich in einem dicken Streifen auch über ihre Nasen und Wangen zog. Männer wie Frauen waren mit völlig schmucklosen Mokassins und einer zerlumpten Kombination aus grober Wolle und Fell bekleidet. Sie sahen häßlich und schmutzig aus und wimmelten nur so von Ungeziefer. Die Männer trugen kurze Bogen und Pfeile bei sich, und einer von ihnen schien der Häuptling zu sein, da er als einziger einen Köcher aus Luchsfell besaß. Ein paar waren mit Angelruten ausgerüstet, man sagte mir jedoch, daß sie fast ausschließlich von Grashüpfern leben. Zu den Zeugnissen einer allmächtigen Zivilisation bildeten diese Indianer einen höchst eindrucksvollen Kontrast.

Die untergehende Sonne brachte die Sierras zum Glühen, und als der Tau fiel, erfüllten aromatische Düfte die stille Luft. Auf einem einzigen Gleis, das streckenweise auf einem schmalen Sims über tiefe Schluchten führte (man hatte sich, um dieses Sims in den Berg zu schlagen, mit Körben vom Gipfel heruntergelassen), *schlängelte* sich das Zugungetüm nach oben. Dann und wann hielt er vor ein paar Holzhäusern, manchmal sah man auch nur eine Blockhütte, vor der Chinesen herumlungerten. Schmale Pfade seitlich der Schluchten deuteten jedoch darauf hin, daß weiter oben oder unten Gold geschürft wurde. An manchen Stellen biegt der Zug um eine scharfe Kurve nach der anderen, daher sieht man von ihm selten mehr als einen kleinen Teil. Wenn dann bei Cape Horn die Gleise unmittelbar am Rande einer 2500 Fuß tiefen Schlucht entlangführen, halten die meisten Reisenden in berechtigter Furcht den Atem an und schließen die Augen. Ich selbst hatte mir jedoch meine gesamte Angst für die Überquerung einer Holzbrücke aufgespart, die unmittelbar auf eine scharfe Kurve folgt. Die Waggons schienen über die Brücke hinauszuhängen, man sah direkt in eine wilde Schlucht hinunter, durch die, in ungeheurer Tiefe, ein reißender Sturzbach brauste.

Als wir in der Nähe des Passes zu den »Schneedächern« kamen, zitterten wir vor Kälte. Diese hölzernen Galerien versperrten uns fast fünfzig Meilen weit jede Aussicht, so daß wir noch nicht einmal einen Blick auf die »Perle der Sierras«, den wunderschönen Donner-Lake, erhaschen konnten. Innerhalb von wenigen Stunden war das Thermometer von vierzig auf zwei Grad gesunken, und wir hatten auf einer Strecke von einhundertfünf Meilen eine Steigung von 6987 Fuß bewältigt! Nachdem wir die Schneedächer passiert hatten (eines davon war 27 Meilen lang), gab es noch ein paar großartige Ausblicke auf einen brennenden Fichtenwald, bevor wir um elf Uhr nachts in Truckee eintrafen. Von Truckee, dem Zentrum der »Holzfällerregion« in den Sierras, hört man für gewöhnlich, es sei eine Stadt mit ziemlich »rohen Sitten«. Hier treffen sich die Rauhbeine dieser Gegend, und in den Bars kommt es jede Nacht zu Schießereien. Da man mir jedoch versichert hatte, eine Frau werde hier mit Respekt behandelt, stieg ich aus, völlig benommen und schläfrig, und beneidete all diejenigen, die jetzt schon im Schlafwagen in ihren luxuriösen Betten schlummerten. Der Zug stand in einer Straße – falls man einen breiten gerodeten Platz, durchzogen von Gleisen, zwischen denen hier und da noch ein Baumstumpf hervorragt, so nennen kann. Im Mondlicht sah ich riesige Holzstöße aus zersägten Fichten und eine Reihe von Häusern mit Steildach und unregelmäßigen Schindeln. Wir hatten direkt vor einem primitiven Westernhotel angehalten, in dem sich, wie bei den meisten Häusern hier, in der halboffenen Hausfront eine Bar befand, gedrängt voll mit trinkenden und rauchenden Männern. Zwischen der Bar und den Waggons herrschte reger Verkehr. Auf den Gleisen rangierten Loks, die sich mit riesigen Glocken bemerkbar machten. Das grelle Licht ihrer Zyklopenaugen dämpfte den Schein, der von einem heftigen Waldbrand auf einem der Berghänge herrührte. Um ein paar Riesenfeuer aus munter brennenden Fichtenstämmen hatten sich Gruppen von Holzfällern geschart. Eine Kapelle spielte lautstark, und etwas weiter weg hörte man den unheiligen Klang von »tom-toms«. Die Sierras schienen die Stadt wie eine Mauer zu umgeben. Riesige Fichten hoben sich deutlich gegen einen Himmel ab, von dem der Mond und die Sterne frostig herabblickten.

Auf dieser Höhe war es beißend kalt. Als der Neger, der den Empfangschef abzugeben schien, mich mitsamt meinem Reisesack in einer Art »Empfangssalon« absetzte, war ich deshalb froh, im Ofen noch ein paar glimmende Äste vorzufinden. Kurz darauf kam ein Mann herein, der nach Abfahrt des Zuges versuchen wollte, für mich ein Zimmer zu finden. Er meinte jedoch, er könne mir nur ein sehr schlechtes Zimmer geben, da das Hotel voll besetzt sei. Das war um halb zwölf Uhr nachts, seit sechs Uhr früh hatte ich nichts mehr gegessen. Als ich ihn hoffnungsvoll um etwas Warmes zu essen und eine Tasse Tee bat, antwortete er mir, um diese Zeit könne man so etwas nicht mehr bekommen. Nach einer halben Stunde kehrte er jedoch mit einem winzigen Täßchen Tee und einem Stückchen Brot zurück. Der Tee war kalt und reichlich schwach, und das Brot sah aus, als sei es schon durch mehrere Hände gegangen.

Kurz nachdem ich das Neger-Faktotum gefragt hatte, wo man hier Pferde mieten könne, kam von der Bar ein Mann herein, der sich vor mir verbeugte und versprach, mir meinen Wunsch zu erfüllen. Danach warf er sich in einen Schaukelstuhl, zog den Spucknapf neben sich, schnitt ein frisches Stück Tabak ab und begann energisch zu kauen. Seine Füße, die in schmutzigen hohen Stiefeln steckten, in die er auch seine Hosenbeine geklemmt hatte, legte er auf den Ofen. Er erzählte mir, daß seine Pferde sowohl »loppieren« als auch traben könnten, daß einige Damen in dieser Gegend den mexikanischen Sattel bevorzugten und daß ich unbehelligt allein reiten könne. Nachdem wir für mich eine Route geplant hatten, mietete ich bei ihm für zwei Tage ein Pferd. Dieser Mann trug das Pionierabzeichen, war also einer der ersten Siedler hier in Kalifornien. Sobald es ihm irgendwo zu zivilisiert zuging, zog er weiter. Aber in Truckee, vermutete er, würde sich wohl nie viel verändern.

Für die zweitausend Einwohner dieser Stadt (fast alles Männer) gibt es viel zu wenig Unterkünfte. Da des öfteren noch mehr Menschen dazukommen, sind alle Betten rund um die Uhr belegt, wenn auch von wechselnden Insassen. Entsprechend unordentlich sah das Zimmer aus, das man mir zuwies. Das Bett war zerwühlt, an der Wand hingen Mäntel und Reitpeitschen, überall lagen schmutzige Stiefel herum, und in der Ecke stand ein Gewehr. Obwohl es kein Fenster gab, schlief ich tief und fest. Nur einmal, als sich der Dauerlärm von draußen plötzlich verstärkte, wachte ich kurz auf und hörte drei Pistolenschüsse, rasch hintereinander abgefeuert.

Am nächsten Morgen zeigte Truckee ein völlig anderes Gesicht. Die Menschenmengen der vergangenen Nacht hatten sich aufgelöst. Dort, wo die Feuer gebrannt hatten, lag jetzt nur noch Asche. Außer einem verschlafenen deutschen Kellner begegnete mir im Hotel kein Mensch, die Saloons waren fast völlig leer, und auf der sogenannten Straße trieben sich nur noch ein paar schläfrige Nichtstuer herum. Es herrschte eine friedliche Stille wie an einem Sonntag; man sagte mir jedoch, daß es sonntags hier erst recht hoch hergehe.

Ich packte eine Tasche mit dem Notwendigsten und zog über einen Seidenrock mein Reitkostüm aus Hawaii und einen Staubmantel. Danach stahl ich mich über die *Plaza* in den Mietstall, das größte Gebäude von Truckee, wo rechts und links von einem breiten Gang je zwölf prächtige Pferde in ihren Boxen standen. Mein Freund vom Abend zuvor zeigte mir seine »Takelage«, drei mit Samt überzogene Damensättel, alle ohne Sattelhorn. In dieser Gegend würden einige Damen im mexikanischen Sattel reiten, meinte er, aber keine davon im Herrensitz. Das brachte mich in Verlegenheit, denn auf die konventionelle Art kann ich keine fünf Schritte weit reiten. So war ich gerade dabei, meinen schönen Plan wieder zu verwerfen, als der Mann zu mir sagte: »Reiten Sie doch auf Ihre Art. Wenn überhaupt irgendwo, dann kann hier in Truckee jeder tun und lassen, was er will.« Glückliches Truckee! Jetzt wurde für mich in Windeseile ein großer Grauer mit einem wunderschönen, silberbeschlagenen mexikanischen Sattel »aufgetakelt«. Vom Steigbügel hingen verzierte Lederquasten, die Satteldecke war aus Schwarzbärenfell. Ich schnallte meinen Seidenrock an den Sattel, legte den Mantel zur Aufbewahrung in eine Kornlade, und noch bevor der Besitzer Zeit hatte, sich zu überlegen, wie er mich am besten in den Sattel brachte, saß ich auch schon sicher oben. Jedoch zeigten sich weder er noch irgendeiner der Müßiggänger, die sich um mich versammelt hatten, darüber im geringsten erstaunt. Sie behandelten mich alle mit dem größten Respekt.

Sowie ich im Sattel saß, war meine Verlegenheit wie weggeblasen. Zunächst folgte ich für einige Meilen den Windungen des Truckee. Auf dem Grund seines klaren, schnell dahineilenden Wassers lagen riesige Fichtenstämme, die erst das nächste Hochwasser fortspülen würde. Kein Farn, keine Kriechpflanze oder sonst etwas Grünes kann sich am Ufer dieses eiskalten, lärmenden und übermütigen Flusses halten. Der strahlend blaue Himmel, der helle Sonnenschein, die klaren Farben und die kristallklare Luft verscheuchten jede Müdigkeit, gaben Mut und Kraft zu neuen Taten. Zu beiden Ufern des Truckee erhoben sich zerklüftete Felswände. Sie wirkten wie hohe, mit Zinnen und Schießscharten versehene Mauern und waren von riesigen Fichten gekrönt. Wenn hier und da die Felswände auseinanderbrachen, gaben sie den Blick auf einen der Schneegipfel frei, die in den sonnigblauen, wolkenlosen Himmel ragten. Auf 6000 Fuß Höhe muß man sich vor allem mit einer Auswahl an *coniferae* bescheiden, denn außer Espen, die meist dort gedeihen, wo ein paar Fichten gefällt wurden, und Pappeln, die weiter unten den Fluß säumen, wachsen dort nur noch Bärentrauben, Himbeeren, Stachelbeeren, wilder Wein und Johannisbeeren. Entlang des Truckee fand ich zwar nichts dergleichen, doch dafür erfreute sich mein Auge an den Fichten. Sie werden nicht so groß wie die Mammutbäume im Yosemite-Tal, erreichen aber trotzdem noch die gigantische Höhe von 250 Fuß. Von der Gestalt ihrer Kronen her sehen sie den Lärchen ähnlich, ihre Nadeln sind jedoch größer und dunkler, und ihre Zapfen werden bis zu einem Fuß lang. Ihr gewaltiger Stamm, der kerzengerade wächst und bis zu einem Drittel seiner Höhe völlig astlos bleibt, ist so rot wie Zedernholz und erreicht einen Durchmesser von sieben bis fünfzehn Fuß. Wo immer sich ein Stück ebenen Bodens findet, stehen diese Bäume zuhauf. Sie neigen sich im rechten Winkel über den Truckee oder liegen in gefallener Pracht über seinem Flußbett. Überall sieht man Baumstümpfe und tote Bäume. Glatte »Rutschbahnen« zeigen an, wo die Holzfäller ihre Bäume in den Truckee »hinuntergeschossen« hatten. In dieser wilden Gegend, in der sich der metallische Klang der Axt mit den Schreien wilder Tiere und dem Tosen der Sturzbäche mischt, leben die wenigen Bewohner einzig der Bäume wegen.

Ich ritt einen weichen Fuhrweg entlang, der das Reiten sehr angenehm machte. Mein Pferd war viel zu hoch für mich und hatte des öfteren eigene Pläne. Wenn jedoch hin und wieder der Weg etwas ebener wurde, hatte ich trotzdem meinen Spaß an seinem trägen Galopp. Unterwegs begegnete mir nur einmal ein Gespann, das von zweiundzwanzig Ochsen gezogen wurde. Es kostete die drei gutaussehenden jungen Gespannführer einige Mühe, mir so viel Platz zu machen, daß ich ihren schwerfälligen Convoy passieren konnte. Ein paar Meilen weiter ging es steil in den Wald hinauf. Das Unterholz aus Zwergkiefern und Brombeersträuchern war hier recht dicht, und da das Pferd nervös geworden war, gab ich den Gedanken an eine Abkürzung rasch wieder auf. So war ich gerade arglos damit beschäftigt, meinen Steigbügel zu verkürzen, als unmittelbar vor mir ein großes, schwarzes, haariges Etwas mit lautem Gepruste aus den Büschen hervorbrach. Auf den ersten Blick glaubte ich, es sei ein wilder Eber, es war jedoch ein Bär. Das Pferd schnaubte und machte einen Satz nach vorn, als wollte es sich in den Fluß stürzen, dann drehte es sich um und raste die steile Uferböschung hinauf. In diesem Moment wurde mir klar, daß ich aus dem Sattel kommen mußte, und sprang zur Hangseite hin ab, da ich dort nicht so tief fallen konnte. Staubbedeckt kam ich wieder auf die Füße. Die ganze Sache war schon recht demütigend und lächerlich, obwohl ich weder einen Schrecken noch blaue Flecken abbekommen hatte. Der Bär rannte in die eine Richtung, der Gaul in die andere. Ich eilte letzterem hinterher. Zweimal hielt er an und ließ mich nahe an sich herankommen, dann machte er kehrt und zockelte gemütlich davon. Nachdem ich längere Zeit durch tiefen Staub gewatet war, las ich zuerst die Satteldecke, dann meine Tasche auf. Kurz danach kam der Graue wieder in Sicht. Er stand, den Kopf in meine Richtung gewandt, und zitterte am ganzen Leib. Ich dachte mir, ich könnte ihn jetzt fangen, aber als ich auf ihn zuging, warf er sich herum, schlug heftig aus, machte ein paar Bocksprünge und galoppierte wild im Kreis herum. Bevor er dann endgültig im gestreckten Galopp in Richtung Truckee verschwand, warf er, gewissermaßen als letzte Trotzhandlung, noch einmal die Hinterbeine hoch. Der Sattel war ihm inzwischen auf die Schultern gerutscht, die großen Steigbügel schlugen ihm gegen die Flanken. Währenddessen trottete ich gedemütigt durch den Staub, beladen mit der Tasche und der Satteldecke. Als ich mich nach fast einer Stunde Fußmarsch völlig überhitzt und hungrig fühlte, sah ich zu meiner Freude, daß das Ochsengespann oberhalb einer Schlucht angehalten hatte und einer der jungen Männer mit dem Pferd am Zügel auf mich zukam. Sie hätten das Gespann quer über den Weg gezogen, als sie das Pferd kommen sahen, erzählte er, und da sie befürchteten, daß mir etwas zugestoßen sei, wollten sie sich gerade auf die Suche nach mir machen. Er brachte mir etwas Wasser, damit ich mein Gesicht waschen konnte, und legte dem Grauen den Sattel auf. Da dieser jedoch sofort wieder zu schnauben und zu bocken begann, dauerte es einige Zeit, bis ich aufsitzen konnte. Als ich im Sattel saß, tänzelte er seitwärts und zeigte sich so nervös und ängstlich, daß der junge Mann mich noch ein gutes Stück begleitete. Er erzählte mir, daß es seit einigen Tagen in den Wäldern um Lake Tahoe von Grizzlies und Braunbären nur so wimmelte. Sie seien aber völlig harmlos. Um das Pferd zu beruhigen, ließ ich es erst einmal bis weit über die Stelle meines Absprungs hinaus galoppieren.

Bald entfaltete sich vor meinen Augen eine wahrhaft prächtige Szenerie, und überall regte sich Leben. Eichelhäher mit blauen Hauben flogen blitzschnell durch die dunklen Tannen, in den Bäumen turnten Hunderte von Eichhörnchen, rote Libellenflügel blitzten in der Sonne auf, und hübsche kleine Streifenhörnchen huschten über den Weg. An Blumen sah ich dagegen nur hier und dort eine verstaubte blaue Lupine. In der kristallklaren Tiefe des Flusses, der jetzt breit und ruhig geworden war, spiegelten sich zwischen Balsamtannen und Kiefern stattliche Fichten, pfeilgerade gewachsen und mit gelben und grünen Flechten überwuchert. Als die Schlucht sich öffnete, sah ich vor mir den See. Sein Ufer, das sich in kleine Buchten teilt, war malerisch mit riesigen Zuckerkiefern bestanden. Leicht gekräuselt und glänzend, und immer noch so unberührt wie vor fünfzehn Jahren, als nur ein paar Trapper und Indianer von seiner Existenz wußten, lag er vor mir in der Mittagssonne. Von den wenigen Siedlern hier bleibt nur ein einziger das ganze Jahr über am See (der auch im tiefsten Winter niemals zufriert), alle anderen verlassen ihn Anfang Oktober. Danach ist er für sieben Monate nur noch mit Schneeschuhen erreichbar. In den dichten Wäldern ringsherum gibt es jede Menge Grizzlies, Braunbären, Wölfe, Hirsche, Rehe, Streifenhörnchen, Marder, Nerze, Stinktiere, Füchse, Eichhörnchen und Schlangen. Am Ufer fand ich ein roh gezimmertes Gasthaus. Vor der Tür lag auf einem Holzfällerkarren der Kadaver eines riesigen Grizzlybären, der am Morgen direkt hinter dem Haus erlegt worden war. Ursprünglich wollte ich noch ein Stück weiterreiten, aber als ich herausfand, daß der Pfad in einer »Sackgasse« endet, blieb ich beim Gasthaus. Hier genoß ich den Blick von der Veranda, machte ein paar Skizzen und durchstreifte den Wald. Auf dieser Höhe gibt es jede Nacht Frost, meine Finger sind ganz taub.

Von der Schönheit des Sees bin ich völlig hingerissen. Lange nachdem die Sonne verschwunden war, glühten die Berggipfel immer noch im hellen Rosenrot; eine Stunde später erschien am rötlichen Himmel der fast volle Mond – aber nicht als blasse Scheibe, sondern als leuchtende Kugel. Nachdem sich der Sonnenuntergang mit fast unglaublicher Farbenpracht entfaltet hatte, ist jetzt im Mondschein alles feierlich und still. Nur dann und wann hört man im Wald noch den Nachtschrei eines Tieres.

BRIEF II

CHEYENNE, WYOMING, 7. SEPTEMBER 1873

Als es mit Anbruch der Dunkelheit beträchtlich kühler wurde, zog es jedermann zu dem Ofen im Empfangszimmer. Eine Dame aus San Francisco, mit Schminke, smaragdgrünem Samt, Brüsseler Spitze und Diamanten mächtig herausgeputzt, unterhielt uns dort mit pausenlosem Schnattern. In waschecht näselndem Westerndialekt beschrieb sie Personen und Ereignisse, ohne im geringsten zu bedenken, was sie da von sich gab. Wenn Tahoe in ein paar Jahren leichter zu erreichen ist, wird es im Sommer von vulgären Leuten dieser Sorte überschwemmt sein. Da ich spürte, daß der nächste witzige Einfall der Dame auf mich abzielte, war ich recht erleichtert, als mich die Wirtin fragte, ob ich ihrer Familie nicht in der Bar Gesellschaft leisten wolle. Dort unterhielten wir uns lange über die Gegend und die wilden Tiere, vor allem über die Bären. Im Wald wimmelt es nur so von ihnen, sie scheinen den Menschen aber niemals anzugreifen, es sei denn, sie sind verletzt, werden von Hunden gereizt, oder eine Bärin sieht ihre Jungen bedroht.

Ich träumte so lebhaft von den Bären, daß ich mit einer pelzigen Todesumarmung an der Kehle erwachte. Trotzdem fühlte ich mich völlig erfrischt. Als ich nach dem Frühstück mein Pferd bestieg, stand die Sonne schon hoch am Himmel. Die kühle Luft war so berauschend, daß ich das Pferd laufen ließ, wie es wollte. Wir galoppierten hügelauf und hügelab, ohne daß mich der Ritt im geringsten ermüdete. Diese Luft ist ein Lebenselixier! Auf unserem wunderschönen Rückritt war der Weg nicht mehr so einsam wie am Tag zuvor. Tief im Wald fing das Pferd plötzlich an zu schnauben und stellte sich auf die Hinterbeine, denn vor uns kreuzte eine zimtfarbene Bärenmama mit ihren beiden Jungen den Weg. Damit sie nicht etwa glaubte, ich hätte mit ihren ungelenk dahinwatschelnden Kindern etwas Böses vor, versuchte ich das Pferd so ruhig wie möglich zu halten. Als die zottige Familie den Fluß überquerte, atmete ich erleichtert auf. Etwas später begegnete mir ein schwer bewaffneter Mann, vermutlich ein Jäger, der wissen wollte, ob ich der englische Tourist sei, der gestern die »Begegnung« mit dem Grizzly hatte. Danach kam ich an einem Holzfäller vorbei, der auf einem Felsen im Fluß sein Mittagessen verzehrte. Zur Begrüßung tippte er an seinen Hut und brachte mir einen Schluck eiskaltes Wasser. Danach pflückte er mir ein Sträußchen Bergnelken, deren Schönheit ich bewunderte. Ich erwähne das nur als Beispiel für die respektvolle Aufmerksamkeit, die einer Frau in dieser Gegend zuteil wird. Ich nehme es diesen Männern keineswegs übel, daß sie eine Dame, die ohne Begleitung reitet, in etwas zu freiem Ton anreden. Die Würde der Frau und der Respekt, den ihr die Männer zollen, sind in diesem wilden Westen die Stütze der Gesellschaft.

Mein Pferd war so leicht erregbar, daß ich das Zentrum von Truckee lieber umging und mich durch die chinesische Barackensiedlung zum Mietstall zurückschlich. Dort wurde für meinen nächsten Ritt zum Donner Lake ein riesiger Rotschimmel gesattelt. Ich fragte den Besitzer, ob es hier Gesindel gäbe, das mir auf meinem Abendritt gefährlich werden könne. Man erzählte sich nämlich, daß vor zwei Tagen ein Mann mit einer kleingehäckselten Leiche, die er in einem Sack hinter sich auf den Sattel geschnallt hatte, durch Truckee gekommen sei. Geschichten dieser Art, wahr oder nicht, kann man hier die Menge hören. »Es gibt in dieser Gegend zwar einige bösartige rauhe Burschen«, antwortete mir der Besitzer, »aber selbst der Schlimmste würde Ihnen kein Haar krümmen. Hier im Westen bewundern die Männer an einer Frau nichts so sehr wie Mut.« Um in die Steigbügel zu kommen, mußte ich auf ein Faß steigen, und als ich im Sattel saß, reichten meine Füße gerade bis zum Bauch des Pferdes. Ich fühlte mich auf ihm wie eine Fliege.

Wir ritten zuerst durch ein Tal, in dem es zwar keinen Fluß, aber dafür etwas Morast gab, in dem üppiges Sumpfgras gedieh – das erste *grüne* Gras, das ich in Amerika zu Gesicht bekommen habe. Ich eilte weiter und kam so plötzlich an den Donner Lake, daß seine Schönheit mich vollkommen überwältigte. Er ist nur etwa drei Meilen lang und eine halbe Meile breit und liegt völlig in den Bergen versteckt; an seinem Ufer findet man nur ein paar verlassene Holzfällerhütten. Diese Einsamkeit gefiel mir sehr. Auf dem ganzen Weg war mir weder Mensch noch Tier, noch Vogel begegnet. Die Berge, die hier abrupt vom Ufer aufsteigen, bedeckt ein dichter Fichtenwald, aus dem da und dort nackte, graue Felsen herausragen. Manche sind wie kleine Türmchen, andere wie Nadeln geformt. Auf der gegenüberliegenden Bergseite sieht man durch die Fichten hindurch eine graue, aufsteigende Linie, von der ab und zu ein dumpfes Rumpeln ausgeht. Das ist eines der Schneedächer der Pacific Railroad, die dem Reisenden jegliche Aussicht versperren. Der See ist nach einem Mr. Donner benannt, der mit einer Gruppe Emigranten nach Kalifornien ziehen wollte und im Herbst 1846 hier eintraf. Da er eine große Herde Rinder mit sich führte und nur langsam vorankam, schickte er die anderen voraus und blieb mit sechzehn Leuten, darunter seine Frau und seine vier Kinder, am See zurück. Am nächsten Morgen steckten sie im tiefen Schnee. Nach längerer Beratung einigte man sich darauf, Mr. Donner, der inzwischen krank geworden war, seine Frau und den deutschen Freund der Familie zurückzulassen, während die anderen versuchen wollten, mit ihren Pferden die Berge zu überqueren, was ihnen, nach Überwindung so mancher Gefahr, dann auch gelang. Ein anhaltender Schneesturm machte es in den nächsten Wochen unmöglich, den drei Zurückgelassenen zu Hilfe zu kommen. Da diese jedoch mit genügend Vieh versorgt waren, erwartete man, sie im nächsten Frühjahr lebend und gesund wiederzufinden. Sobald der Schnee fest genug war, zog eine Suchmannschaft los, die nach harten und entbehrungsreichen Wochen schließlich die primitive Holzhütte am See erreichte. Als sie die Tür öffneten, erblickten sie den Deutschen, der am Feuer saß und gierig einen gerösteten Arm verschlang. Die Rettungsmannschaft überwältigte ihn und entriß ihm mit Gewalt den Arm. Nach kurzer Suche entdeckte man im Schnee die gefrorene Leiche der Frau, der ein Arm fehlte. Sie sah recht mollig aus, ein Zeichen dafür, daß sie völlig gesund gewesen war, als ihr Schicksal sie ereilt hatte. Nach Aussage des Deutschen, der in Kalifornien vor Gericht gestellt wurde, war Mr. Donner schon im Herbst gestorben. Als kurz danach das Vieh durchbrannte, blieb ihnen nur noch wenig zum Essen, und als das aufgezehrt war, starb auch Mrs. Donner. Kein Mensch glaubte ihm diese Geschichte, statt dessen sickerte so langsam durch, daß er zuerst den Ehemann und dann die Frau brutal ermordet hatte, um an ihr Geld zu kommen. Da es dafür jedoch keinen Zeugen gab, kam der Mörder mit dem Leben davon und wurde nur gezwungen, den vier Waisen der Donners das Geld zu übergeben.

Als ich auf das obere Ende des Sees zuritt, dachte ich gerade über diese tragische Geschichte nach. Die Sonne ging jetzt rasch unter, und die Gipfel, die eben noch im Sonnenlicht geglüht hatten, erloschen von einer Sekunde auf die andere und wurden fahl wie die Gesichter von Toten. Im Bergschatten war es schon dunkel und eiskalt, die Einsamkeit überwältigend. Zögernd lenkte ich das Pferd wieder in Richtung Truckee, wobei ich mich noch oft nach den aschfarbenen Berggipfeln mit ihrem fast überirdischen Zauber umdrehte. Jetzt begann ein wahrer Farbenreigen, der über eine Stunde anhielt. Obwohl der Weg immer dunkler wurde und der Zug, der mich mitnehmen sollte, im Eiltempo die Sierras erkletterte, konnte ich nur langsam weiterreiten. Als auch die letzten Berggipfel verblaßt waren, bemerkte ich, daß es unter den Tannen bereits stockdunkel und so unheimlich geworden war, daß ich an das Pferd geklammert bis Truckee zurückgaloppierte. Dort waren die abendlichen Gelage mit ihrem liederlichen und gottlosen Treiben gerade auf dem Höhepunkt. Auf der Straße brannten riesige Feuer, Banjo und Geigenmusik ertönten in gräßlicher Disharmonie, überall sah man blendendes Licht, überfüllte Saloons, Bars und Spieltische.

BRIEF III

CHEYENNE, WYOMING, 8. SEPTEMBER 1873

Genau um elf Uhr nachts donnerte der riesige Zug nach Truckee herein und hielt mit lautem Pfeifen vor dem Hotel. Als ich an der Doppeltür eines »Silver-Palace«-Waggons meine Fahrkarte zeigte, führte mich der Stewart auf Hausschuhen leise flüsternd zu meiner Schlafkabine, die aus einem luxuriösen breiten Bett mit Roßhaarmatratze, Sprungfedern, feinem Bettzeug und teuren California-Dekken bestand. Meine vierundzwanzig Schlafgenossen waren bereits hinter dicken Vorhängen verborgen. In diesem Morpheustempel diente alles nur dem guten Schlaf: die vier Silberlampen an der Decke sorgten mit ihrer schwachen Beleuchtung für schummriges Licht; rechts und links des Mittelgangs hingen dicke Ripsvorhänge in Karmesinrot und Grün, mit Goldstreifen durchwirkt, von silbernen Stangen an der Decke bis zum weichen Axminsterteppich hinunter. Die Temperatur wurde auf genau 21 Grad Celsius gehalten (draußen waren knapp zwei Grad); doppelte Türen und Fenster, ein kostspieliges und sinnreiches System aus Polstern und Federn sowie eine Geschwindigkeitsbegrenzung von achtzehn Meilen pro Stunde garantierten völlige Ruhe und verhinderten jegliches Rütteln.

Nachdem ich mich niedergelegt hatte, schwand die Erinnerung an meinen Galopp durch den dunklen Fichtenwald, an den frostigen Mond, die Waldbrände, das grelle Licht und den Höllenlärm von Truckee wie ein Traum. Acht Stunden später enthüllte die klare Morgenröte eine verdorrte Ebene, rechts und links von niedrigen Bergen begrenzt. Auf der alkaliverkrusteten Erde wuchs nur grauer Salbei. Den ganzen Tag hindurch fuhren wir unter einem wolkenlosen Himmel über menschenleere, glühendheiße Ebenen. Nur zweimal hielten wir an und bekamen an einer einsamen Blockhütte für einen Dollar pro Kopf ein grobes, fetttriefendes, von müden Fliegen regelrecht belagertes Mahl vorgesetzt. Um den wunderschönen Sonnenuntergang genießen zu können, setzte ich mich gegen Abend für eine Stunde auf die hinterste Plattform. Soweit man in der kristallklaren Luft sehen konnte, umgab uns ringsum nichts als Wüste. Das zerklüftete, im Abendschein glühende Humboldtgebirge mit seinen Schneefeldern schien nur einen kleinen Spazierritt entfernt, in Wirklichkeit waren es jedoch mehr als fünfundvierzig Meilen. In dieser einsamen Gegend verbanden uns nur noch die in der Ferne flimmernden Metallgleise mit der Zivilisation im Osten und Westen dieses Kontinents.

Als uns der Steward am nächsten Morgen kurz nach Sonnenaufgang recht unzeremoniell aus dem Bett warf, fuhren wir gerade am Großen Salzsee entlang, den das weiße Wahsatchgebirge flankiert. Mit Hilfe künstlicher Bewässerung war es den fleißigen Mormonen gelungen, dem Boden entlang des Seeufers eine gute Heu- und Gerstenernte abzutrotzen. Wir kamen an mehreren Hütten vorbei und sahen einige Mormonen, jeder von zwei oder drei Frauen begleitet, die sich schon zu dieser frühen Stunde zu ihren Feldern aufmachten. Die Frauen waren recht häßlich und trugen formlose, scheußliche blaue Kleider. In der Mormonenstadt Ogden stiegen wir um. Auf der Weiterfahrt ging es abermals über weiße, staubige, glühendheiße Ebenen. Zur Abwechslung sah man hin und wieder einen schlammigen Fluß oder ein unfruchtbares Tal, das sich da und dort zu einem Canyon verengte. Wir waren übereingekommen, die Fenster geschlossen zu lassen, da der feine weiße Alkalistaub die Nase empfindlich reizte. Als wir schließlich im Eiltempo über endlose Ebenen und Steinwüsten fuhren, an deren Horizont man nicht einmal mehr eine Bergkette sah, wurde die Fahrt immer unerträglicher. Nur hier und da unterbrach ein kleiner spitzer Hügel die Monotonie der Landschaft. Die Wagenspuren des Utah Trail gingen oft unmittelbar am Gleis entlang; Skelette von Ochsen, die auf dem langen Marsch verendet waren, bleichten in der Sonne. Bei Anbruch des nächsten Tages fanden wir uns frierend in der düsteren Grenzstation Fort Laramie ein, die auf einer Höhe von 7000 Fuß liegt. Nach einem weiteren Aufstieg von 1000 Fuß erreichten wir Sherman, den höchsten Punkt dieser Eisenbahnlinie. Östlich von hier fließt alles Wasser dem Atlantik zu. Die Fahrt über diese scheinbar flachen Hochebenen nennt man die »Überquerung der Rockies«, außer zwei niedrigen platten Gipfeln am Horizont habe ich jedoch vom Gebirge selbst nichts gesehen. Jetzt wurde es erbarmungslos kalt; ein paar meiner Mitreisenden meinten, es schneie, aber ich sah nur ein wogendes Nebelmeer. Den ganzen Morgen über liefen Verkäufer mit Zeitungen, Romanen, Kakteen, Lutschern, Popcorn, Erdnüssen und Elfenbeinschmuck durch die Waggons. Da ich völlig vergessen habe, die Tage zu zählen, wäre ich nie darauf gekommen, daß heute Sonntag ist. Das erfuhr ich erst, als der Zug in diesem abscheulichen Ort vor dem Hotel anhielt.

Ringsherum erstreckt sich nur endlose Prärie, ohne ein Fleckchen Grün. Die paar Grasbüschel, die hier wachsen, hat die mörderische Sommerhitze schon längst in Heu verwandelt. Man sieht weder Baum noch Strauch, der Himmel ist grau, die Erde ockerfarben, und der Wind, der über die Prärie fegt, erstickt die Siedlung unter ganzen Wolken grober Staubkörner. Man sagt, Cheyenne sei ein »gottverlassenes« Nest. Daß auch Gott selbst hier völlig in Vergessenheit geraten ist, erkennt man jedenfalls sofort. Ihre Existenz verdankt die Stadt der Eisenbahn, und obwohl die Zahl der Einwohner abgenommen hat, dient sie immer noch als Versorgungslager, von dem die notwendigen Dinge des täglichen Lebens bis zu dreihundert Meilen im Umkreis mit großen Pferde-, Maultier- und Ochsengespannen befördert werden. An manchen Tagen kommen hier über hundert Gespanne mit doppelt so vielen Gespanntreibern zusammen. Noch vor kurzem war Cheyenne die reinste Hölle, da es hier von Rowdies und Desperados nur so wimmelte. In den Trinkhöhlen gab es fast stündlich einen Mord, eine Messerstecherei oder einen Schußwechsel. Wenn es aber irgendwo im Westen zu schlimm wird, greifen die Anhänger von Recht und Ordnung zu einem drastischen und sicheren Heilmittel: sie organisieren sich in einem Vigilanz-Komitee. »Richter Lynch« erscheint auf der Bildfläche, mit ein paar Metern Seil. Den anrüchigen Elementen der Gesellschaft wird als Warnung eine Kritzelzeichnung zugeschickt, auf der man einen Mann am Galgen baumeln sieht. Darunter steht dann etwa: »Verschwinde bis morgen früh um sechs aus unserer Stadt, oder ...«. Die schlimmsten Desperados allerdings fertigt man oft noch schneller ab, als das selbst vor einem Standgericht üblich ist; sie werden kurzerhand »aufgeknüpft« und verscharrt. Es heißt, auf diese Weise sei man hier in zwei Wochen mit einhundertzwanzig Raufbolden fertiggeworden. Bis das Gesetz der Vereinigten Staaten mit all seiner Korruption und seinen Schwächen hier in Kraft tritt, wird das Leben in dieser Stadt wohl einigermaßen geordnet verlaufen. Frömmigkeit ist nicht gerade die Stärke von Cheyenne. Auf den Straßen hört man die schlimmsten Flüche, und das Rowdytum in den Saloons und Bars ist keineswegs ausgerottet, es wird nur wirksam unterdrückt.

Die Stadt wuchert in einem schlimmen Durcheinander von Blockhäusern und Baracken einfach in die Prärie hinaus, und die vielen Haufen mit Müll- und Fleischabfällen geben den übelsten Gestank ab, der mir seit langem in die Nase stach. Von den Häusern sind einige blendend weiß, andere überhaupt nicht angestrichen; Sträucher, Gärten oder ein bißchen Grün gibt es nicht. Das Leben scheint hier recht erbärmlich zu sein; alles ist in höchstem Maße verlottert und häßlich, und auf der Straße sieht man vor allem heruntergekommene versoffene Gestalten. Unter meinem Hotelfenster hört man das ständige Rangieren der Güterwagen, doch gleich hinter den Bahngleisen beginnt die Prärie. Dann und wann kommt ein einsamer Reiter in Sicht oder eine Gruppe Indianer, bemalt und mit Federschmuck, ansonsten jedoch so weit »zivilisiert«, daß sie Feuerwaffen tragen. Ihre Squaws sind mit schweren Bündeln beladen und reiten im Herrensitz auf armseligen Lastponies. Mitunter wird auch eine Herde knochiger Langhornrinder in die Stadt getrieben, die sich von Texas bis hierher in mehreren Monaten von Weide zu Weide durchgefressen hat. Die vier oder fünf texanischen Cowboys, die eine solche Herde auf kleinen, drahtigen Pferden begleiten, tragen große Sporen, spitze Hüte, hohe Stiefel und Mäntel mit blauen Kapuzen und sind bis an die Zähne mit Revolvern und Repetiergewehren bewaffnet. Gerade sehe ich ein einsames Ochsengespann mit weißer Plane, das vermutlich einen Auswanderer mit seiner gesamten Habe nach Colorado bringt.

9. SEPTEMBER

Auf dem Postamt habe ich zwei Empfehlungsschreiben vorgefunden, eines von Ex-Gouverneur Hunt, das andere von Mr. Bowles vom *Springfield Republican*, ein Name, der im ganzen Westen wohlbekannt ist. Damit bewaffnet, werde ich kühn in Colorado einfallen.

Heute ist mir von dem Gestank ganz schwindelig und übel. Das Hausmädchen erzählte mir, daß hier während der letzten zwanzig Tage sechsundfünfzig Menschen an Cholera gestorben sind. Ich frage mich wirklich, ob es denn in dieser Gegend, in der die schlimmste Geldgier zu Hause ist, keinerlei menschliches Mitgefühl gibt? Kann man es denn nicht für Dollars kaufen wie alles andere auch, Wahlstimmen eingeschlossen? Gestern abend machte ich mit der Familie eines schwer lungenkranken Mannes aus Wisconsin Bekanntschaft. Man hatte ihn als letzte Rettung hierhergeschickt, aber die Krankheit war nur noch schlimmer geworden. Heute früh kam er bis vor meine Tür gekrochen, und obwohl er vor Schwäche und Lungenblutung kaum noch sprechen konnte, bat er mich inständig, seiner Frau zu helfen. Der Arzt meinte, sie sei an Cholera erkrankt. In der

Nacht war dann auch noch das Baby krank geworden, aber weder um der Liebe Gottes willen noch für Geld konnte er irgend jemanden finden, der ihm auch nur die Medizin besorgt hätte. Die Frau war blau im Gesicht und litt durch die Krämpfe große Schmerzen; das arme, ungestillte Baby brüllte vor Hunger wie am Spieß. Vergebens bemühte ich mich, heißes Wasser und Senf für einen Umschlag zu beschaffen, und obwohl ich einem Neger einen Dollar anbot, damit er mir die Medizin holte, sah er das Geld nur von oben herab an, summte vor sich hin und meinte, er müsse auf den nächsten Zug warten (der erst eine Stunde später kam). Genauso vergeblich war meine Jagd durch ganz Cheyenne nach einem Milchfläschchen. Kein einziges mütterliches Herz ließ sich durch meine Schilderung von der hilflosen Mutter und dem hungrigen Kind erweichen. Um die arme Kreatur etwas zu beschwichtigen, blieb mir zum Schluß nichts anderes übrig, als ein Stück Schwamm in Milch und Wasser zu tauchen. Mit viel Mühe überredete ich schließlich ein junges Mädchen, für zwei Dollar pro Tag das Baby zu versorgen und die Mutter zu pflegen. Als es der Frau wieder etwas besser ging, nahm ich den Zug nach Greeley, das man mir als guten Ausgangspunkt für die Berge empfohlen hatte.

FORT COLLINS, 10. SEPTEMBER

Mitten in die Plains hineinzufahren war schon ein seltsames Gefühl. So weit das Auge reichte, sah man nichts als Prärie. Der Boden war meist eben und spärlich mit verdorrtem Gras, verwelkten Blumenstengeln, Palmlilien und winzigen, bienenkorbartigen Kakteen bedeckt. An manchen Stellen glich er jedoch den erstarrten Wogen eines Meeres.

Hier findet man große Kolonien, deren Bewohner wegen ihres kurzen, scharfen Gebells Präriehunde genannt werden; in Wirklichkeit sind es jedoch Murmeltiere. Ihr Bau besteht aus einer erhöhten runden Öffnung und einem fünf bis sechs Fuß langen Gang, der nach unten in die Erde führt. In einer Kolonie befinden sich Hunderte dieser Höhlen dicht an dicht, und fast auf jedem Bau sitzt ein kleines, rötlichbraunes Tier auf seinen Hinterbeinen und sonnt sich. Das sind die Wächter. Als wir vorbeifuhren, stieß jeder von ihnen ein kurzes Warngebell aus, schüttelte den Schwanz, warf die Hinterbeine hoch und tauchte mit einem grotesken Sprung in das Loch hinab. Das Wish-ton-Wish ist ein äußerst fruchtbares Tier und hat nur wenige Feinde. Bei seinem enormen Familienzuwachs und dem Eifer, mit dem es neue Höhlen gräbt, kann man sich gut vorstellen, daß es in ein paar Jahren die ganze Prärie unterhöhlt hat. Für Reiter wäre das dann höchst gefährlich. Anscheinend wird jeder Bau von einer Eule mitbewohnt, und manche behaupten, eine Klapperschlange gehöre ebenfalls dazu. Um des harmlosen, fröhlichen Präriehundes willen hoffe ich jedoch sehr, daß das nur ein Märchen ist.

Nach einer längeren Fahrt bergab erhoben sich vor uns fünf verschiedene Bergketten, eine höher als die andere. Ein muffiger, überhitzter Eisenbahnwagen, gestopft voll mit kauenden und spuckenden Yankees ist allerdings nicht gerade die beste Art, sich diesen grandiosen Bergen zu nähern. Während ich dies schreibe, bin ich nur noch zwanzig Meilen von ihnen entfernt, und langsam ergreifen sie von mir Besitz. Um fünf Uhr nachmittags kamen Blockhütten und grüne Felder in Sicht, und als der Zug hielt, stieg ich mit zwei anderen Passagieren aus. Wir schleppten unser Gepäck durch den tiefen Staub zu einem kleinen, roh gezimmerten Gasthaus, wo wir mit Mühe Unterkunft fanden. Diese Siedlung hier nennt sich *Greeley Temperance Colony* und ist erst vor kurzem von fleißigen Einwanderern aus dem Osten gegründet worden. Sie erwarben 50 000 Morgen Land, zäunten es ein und bauten einen Bewässerungskanal. Da es hier weder Faulpelze noch Kriminelle gibt, ist Greeley inzwischen die reichste Kolonie von ganz Colorado und hat es bereits auf 3000 Einwohner gebracht. Wieso diese Leute sich ausgerechnet an einem Ort niederlassen, an dem sie völlig von der künstlichen Bewässerung abhängen und das Risiko eingehen, daß ihre gesamte Ernte von Heuschrecken vernichtet wird, ist mir unbegreiflich. Da alle Siedler hier überzeugte Antialkoholiker sind, gibt es in ihrer Charta auch eine Klausel, nach der es untersagt ist, Alkohol mitzubringen, zu verkaufen oder zu konsumieren. Es heißt, die Männer von Greeley würden ihren Kreuzzug gegen den Alkohol sogar über die Grenze ihrer Kolonie hinaustragen. Erst kürzlich sollen sie nahe der Grenze ihres Territoriums drei Saloons beschlagnahmt und den gesamten Whisky auf den Boden geleert haben. Die meisten Leute hier im Umkreis wollen daher kein Risiko mehr eingehen und verzichten lieber freiwillig auf Geschäfte mit Alkohol. So breitet sich die Abstinenzlerbewegung mehr und mehr aus. Da die Männer nicht in der Bar sitzen können, ist Greeley schon im Tiefschlaf, wenn es in anderen Städten erst richtig losgeht.

Meine ersten Reiseerfahrungen in Colorado waren äußerst unerfreulich. In dem drückend heißen Gasthaus bekam ich zuerst ein winziges Kämmerchen im oberen Stock, das ich jedoch an eine Familie mit Kind wieder abtrat. Danach gab man mir ein noch kleineres, kaum größer als ein Verschlag, in dem mich nur ein Segeltuch vom Nachbarzimmer trennte. Wohin man blickte, saß alles voll mit schwarzen Fliegen. Der Wirtin war gerade das »Hausmädchen« weggelaufen, und da sie großes Theater darum machte, half ich ihr beim Kochen. Zum Abendessen, das vor allem aus triefendem Fett und Fliegen bestand, kamen zwanzig Männer in Arbeitskleidung herein, aßen schweigend und gingen wieder. Die Wirtin machte mich mit einem Siedler aus Vermont bekannt, einem äußerst freundlichen Mann, der sich die größte Mühe gab, für mich ein Pferd zu finden. Pferde gibt es hier zwar genug, aber entweder sind es schwere Zugpferde oder *Broncos.* Das Wort kommt aus dem Spanischen und besagt, daß diese lebhaften, kleinen Pferde sich niemals völlig zähmen lassen. Sie machen Bocksprünge, und es heißt, sie seien noch hinterhältiger und gemeiner als Maultiere. Im Mondlicht probierte ich dann ein indianisches Pony aus, das aber zu empfindliche Hufe hatte. Die Küche dient hier gleichzeitig als Wohnzimmer, daher ging ich früh zu Bett, wachte aber bald schon wieder auf, da es in meinem Bett von Krabbeltieren nur so wimmelte. Ich zündete ein Streichholz an und entdeckte solche Schwärme von Käfern, daß ich es vorzog, mich für den Rest der Nacht auf ein paar Holzstühlen zusammenzukauern. Diese Käfer, die aus der Erde kommen und sich in den Holzwänden festsetzen, sind hier in Colorado wirklich ein schlimmes Übel. Selbst mit peinlichster Sauberkeit lassen sie sich nicht vertreiben. So manche gründliche Hausfrau nimmt jede Woche die Betten auseinander und bearbeitet sie mit Karbolsäure.

Der nächste Morgen war herrlich und kühl. Ich versuchte es noch einmal mit dem Pony, war mir aber sicher, daß es für einen längeren Ausritt nicht taugen würde. Als mein Bekannter aus Vermont, der nach Fort Collins fuhr, mir in seinem Wagen einen Platz anbot, packte ich eilig meine Sachen zusammen und kam mit ihm hierher. Zunächst gefiel mir die Fahrt recht gut, aber mit der Zeit wurde die Hitze unerträglich. Trotz meines weißen Sonnenschirms, den ich seit Neuseeland nicht mehr gebraucht hatte, wurde mir richtig übel, so unbarmherzig brannte die Sonne auf die weiße Erde nieder. Außer den Algen auf dem Grund der Flüsse findet das Auge hier nirgendwo ein Fleckchen Grün. Wir folgten die meiste Zeit dem Cache-a-la-Poudre, dessen Ufer von schmalen Pappel- und Espenwäldchen gesäumt wird. Er entspringt in den Bergen, versorgt Greeley mit Wasser und fließt dann in einen Nebenfluß des Missouri, den Platte-River. Außerhalb des großen Zauns, den die energischen Einwohner von Greeley um ihre Kolonie gezogen haben, gibt es nur noch endlose Prärie. Sobald ein paar Gespanne derselben Spur folgen, entsteht hier eine Straße. An einem Blockhaus hielten wir an und bekamen ein einfaches Essen aus Rindfleisch und Kartoffeln vorgesetzt. Daß sich die fünf

Männer an unserem Tisch dafür entschuldigten, keinen Mantel anzuhaben, amüsierte mich köstlich. Als ob ein Mantel in der Prärie nicht etwas völlig Groteskes wäre!

Heute ist Wahltag, deshalb kamen Männer aus allen Himmelsrichtungen hierher, um ihre Stimme abzugeben. Meine drei Mitreisenden redeten pausenlos über Politik. Ganz offen und ohne jede Scham nannten sie den Preis, den eine Stimme kostet. Allem Anschein nach gibt es auf beiden Seiten keinen einzigen Politiker, der sich nicht der schlimmsten Korruption schuldig macht. Unterwegs begegneten uns zwanzig berittene und bis an die Zähne bewaffnete *Vacheros*, die eine Herde mit fünftausend Langhornrindern von Südtexas nach Iowa trieben. Seit neun Monaten waren sie unterwegs! Ein leichter Wagen, beladen mit Gewehren und Munition, begleitete die Reiter. Das ist keineswegs unnötig, denn zur Zeit unternehmen die Indianer überall Raubzüge. Ihre Wut über das rücksichtslose und unsinnige Abschlachten der für sie lebensnotwendigen Büffel hat sie dazu getrieben. Hier sieht man in jedem vorbeifahrenden Wagen ein Gewehr, da die Leute stets hoffen, irgendein Tier vor die Flinte zu bekommen.

Als wir Fort Collins erreichten, war mir vor Hitze ganz schwindelig und übel. Dieser höchst unerfreuliche Ort soll angeblich ein militärischer Stützpunkt sein, im Augenblick besteht er jedoch nur aus ein paar Blockhäusern, die man vor kurzem auf die brennendheiße nackte Erde gestellt hat. Die Ansiedler machen sich »große Hoffnungen«, ich frage mich nur, worauf. In den Häusern gibt es nicht so viele Käfer, dafür ist alles voller Fliegen. In diesen abstoßenden neuen Siedlungen dreht sich jedes Gespräch um den Dollar und um die Frage, wie man ihn verdient. Alles, was hier besprochen, gegessen oder getan wird, ist grob und gewöhnlich. Es gibt nichts, was das Auge erfreuen oder das Streben nach Höherem (falls es hier so etwas überhaupt gibt) befriedigen könnte. Im Gasthaus wimmelt es nur so von Heuschrecken, und Tausende von Fliegen, die sich bei jedem Schritt summend erheben, bedecken die Fußböden.

BRIEF IV

CANYON, 12. SEPTEMBER 1873

Ich fühlte mich so dumpf und so müde, daß ich absichtlich den ganzen Nachmittag verschlief, um die Hitze und die Fliegen zu vergessen. Zum Abendessen kamen dreißig Männer in Arbeitskleidung herein, schweigend und mit traurigem Gesicht. Das Rindfleisch war zäh und triefte vor Fett, Fleisch und Butter waren bedeckt mit lebenden, ertrunkenen und halb ertrunkenen Fliegen. Auf dem schmierigen Tischtuch wimmelten ebenfalls Fliegen, und so wunderte es mich nicht, daß die Gäste so traurig dreinblickten und sich schnellstens wieder aus dem Staub machten. Ein Pferd konnte ich mir nicht beschaffen, man empfahl mir jedoch, mich bei einem Siedler einzumieten, der in einer großartigen Gegend in den Bergen eine Sägemühle betreibt und Gäste aufnimmt. Um wegen meiner schlechten Kleidung nicht abgewiesen zu werden, entschloß ich mich, mein gesamtes Gepäck mitzunehmen, und verließ Fort Collins in einem leichten Reisewagen, den zwei zierliche *Broncos* zogen. Der melancholische junge Mann, der den Wagen kutschierte, war noch nie zuvor im Canyon gewesen; eine Straße gab es nicht. Unterwegs begegnete uns kein Mensch, auch sahen wir nur in weitester Ferne ein paar Antilopen. Der junge Mann wurde daraufhin noch melancholischer und verirrte sich. So fuhren wir eine Zeitlang kreuz und quer, bis wir auf einen alten Pfad stießen, der uns schließlich in ein fruchtbares Tal führte, in dem gerade die Heu- und Gerstenernte in vollem Gang war. Zwei der fünf oder sechs Blockhäuser dieser kleinen Siedlung hatte man mir als Unterkunft empfohlen. Da das eine jedoch mit Erntearbeitern voll belegt und im anderen ein Kind gestorben war, fuhren wir weiter. In dieser einsamen Gegend, mit den Bergen zu unserer Rechten und der Prärie um uns herum, fühlte ich mich wie auf einer Seereise ohne Kompaß. Auf dem kurzen trockenen

Gras hinterließen wir keinerlei Spur; auch hörte man weder die Räder noch das Hufeklappern. Der Himmel war bewölkt, die Luft heiß und regungslos. Wir fuhren am Kadaver eines Maultiers vorbei, von dem kurz die Geier aufflogen, um sich gleich darauf wieder niederzulassen. Skelette und Tierknochen sah man des öfteren. Jetzt kamen die sogenannten Foot Hills in Sicht – eine Reihe niedriger Grashügel, monoton und gestaltlos bis auf die wenigen Stellen, wo sich das Schmelzwasser aus den Bergen einen Durchfluß gegraben hatte. Völlig verwirrt und melancholischer denn je wählte der junge Mann den breitesten davon. Man hatte ihm zwar den Weg genau erklärt, und er glaubte auch, alles verstanden zu haben, aber dafür war er viel zu dumm. Mehrere Meilen fuhren wir völlig umsonst, denn einmal kamen wir an einen Fluß, der zum Durchqueren viel zu tief und zu wild war, ein andermal verhinderte ein undurchdringlicher Canyon jede Weiterfahrt. Jetzt wurde ihm angst und bange um seine Pferde, und er meinte, auch für alles Geld der Welt würde er nie mehr in die Berge fahren. Dabei wäre mit ein bißchen Intelligenz alles so einfach gewesen.

Langsam wurde die Einsamkeit recht düster. Als wir nach neun Stunden Fahrt endlich den Fluß erreichten, zeigten die Broncos noch nicht die geringste Müdigkeit. Der ausgetrampelte Pfad, den wir am Ufer fanden, führte uns zu einer Art dreigeteiltem Tal, an das sich ein majestätisch gewundener, 2000 Fuß tiefer Canyon anschloß, der ein Stück weiter völlig unzugänglich wurde. Hier existierte eine faszinierende Welt für sich. Eine wackelige Brücke aus unbefestigten Baumstämmen und Fichtenrinde führte über den reißenden Fluß. Die Broncos, die der Sache nicht so recht trauten, hielten an und schnupperten daran; mit ein wenig Überredung brachten wir sie jedoch dazu, die Brücke zu überqueren. Auf der anderen Seite stand nahe am Wasser unter ein paar Pappeln die heruntergekommenste und primitivste Blockhütte, die ich je gesehen habe, und etwas höher eine grob gezimmerte, reparaturbedürftige Sägemühle, vor der ein paar alte

Baumstämme herumlagen. Im Vordergrund sah man einen Planwagen und ein einsames Zelt, davor eine Feuerstelle, auf der ein riesiger Topf stand. Von der Pension, vor der ich mich ein wenig gefürchtet hatte, war jedoch weit und breit nichts zu sehen. Um sich nach dem Weg zu erkundigen, ging der Kutscher in die Blockhütte und kehrte mit einem grimmigen Lächeln, das sein Gesicht noch melancholischer erscheinen ließ, wieder zurück. In der Hütte wohne eine Familie Chalmers, erzählte er, eine Unterkunft gäbe es hier jedoch nirgends. Das war ja eine schöne Bescherung! Ich stieg ab, um mir die Hütte selbst anzuschauen. Eine Wand war fast völlig zusammengebrochen, es gab kein Fenster, nur ein paar riesige Löcher in den Wänden und im Dach. An Möbeln sah ich nur zwei Stühle und zwei roh gezimmerte Holzgestelle, auf denen ein paar Strohsäcke lagen – das Bettzeug der Familie. In dem kleinen Nebenraum, in dem gekocht und gegessen wurde, standen ein Ofen, ein paar Bänke und ein Tisch. Dort saß eine Frau mit hartem Gesicht und traurigen Augen und musterte mich abschätzend. Sie sagte mir, sie verkaufe manchmal Milch und Butter an die Leute, die im Canyon kampierten, aber außer zwei älteren, asthmakranken Damen hätte sie bis jetzt noch keine Gäste aufgenommen. Wenn ich mich jedoch »angenehm mache«, könne ich für fünf Dollar pro Woche hier wohnen. Da die Pferde gefüttert werden mußten, setzte ich mich auf eine Kiste, aß getrocknetes Rindfleisch mit Milch und überlegte mir die ganze Sache. Wenn ich nach Fort Collins zurückfahre, dachte ich mir, bleibt mir als Ausgangspunkt für die Berge nur noch Denver (ein Ort, vor dem es mir ziemlich graust), oder ich muß nach New York weiterfahren. Zwar waren Gesichter und Manieren der Leute hier ziemlich abstoßend und das Leben recht rauh, aber wenn ich ein paar Tage durchhielte, ergäbe sich vielleicht die Möglichkeit, nach Estes Park hinaufzukommen, dem Ziel meiner Träume und Hoffnungen. So entschied ich mich also dazubleiben.

Seit fünf Tagen wohne ich jetzt schon bei Chalmers, bin Estes Park noch kein bißchen nähergerückt und habe dieses eingeengte Leben schon reichlich satt. Als der Wagen davonfuhr, fühlte ich mich, als hätte ich alle Brücken hinter mir abgerissen. Daher setzte ich mich hin und begann zu stricken, ein bewährtes Mittel, um mich in einer entmutigenden Situation wieder zu fangen. Ich hatte keine Ahnung, wie ich hier zurechtkommen sollte. Es gab keinen Tisch, kein Bett, kein Waschbecken, kein Handtuch; die Tür konnte man nicht absperren, die Fenster waren unverglast, die Balken unverputzt, das Dach war voller Löcher, und von einer Wand fehlte der größte Teil. Als ich nach draußen ging, fand ich die gesamte Familie mit irgend etwas beschäftigt, von mir nahmen sie keinerlei Notiz. Also ging ich wieder hinein. Die sechzehnjährige Tochter folgte mir, ein plumpes Mädchen mit ungekämmtem Haar und abstoßendem Gesicht. Sie setzte sich auf einen Baumstamm und starrte mich eine halbe Stunde lang an. Ich bemühte mich, sie in ein Gespräch zu verwickeln, aber sie spielte nur mit ihren Fingern und antwortete mürrisch und einsilbig. Würde es mir denn bei aller Anstrengung gelingen, mich »angenehm zu machen«, fragte ich mich. Um »angenehm« auszusehen, zog ich mein Reitkostüm aus Hawaii an und rollte die Ärmel bis zu den Ellbogen hoch. Als die gesamte Familie gegen Abend zu ihrer Futterkrippe heimkehrte, schoben sie mir durch die Tür etwas getrocknetes Rindfleisch und Milch herein. Sie schliefen alle unter den Bäumen und trugen noch vor dem Dunkelwerden ihre Strohsäcke nach draußen. Ich folgte ihrem Beispiel, konnte aber, im Gegensatz zu ihnen, nicht einschlafen und beobachtete die ganze Nacht über den Großen Wagen. Seither schlafe ich lieber auf Decken unter dem Dach. Die Chalmers besitzen weder eine Lampe noch eine Kerze, wenn ich daher nach Einbruch der Dunkelheit noch etwas erledigen will, muß ich das beim flackernden Licht des Herdfeuers tun. Da die Nächte kühl sind, keine Käfer herumkrabbeln und ich jede Menge körperlicher Arbeit verrichte, schlafe ich ausgezeichnet. In der Abenddämmerung mache ich mir auf dem Fußboden mein Bett zurecht und hole einen Eimer eiskaltes Wasser vom Fluß. Danach lege ich noch ein paar dicke Äste aufs Feuer, damit es mindestens die halbe Nacht durch brennt. Außer der Einsamkeit, die hier schon gruselig genug ist, gibt es auch noch Geräusche, die man sich nicht erklären kann. Unter dem Boden rumort es, man hört seltsame Schreie, irgend etwas schleicht um die Hütte herum. In einer Nacht kam irgendein Tier (vielleicht ein Fuchs oder Skunk) durch die offene Wand herein und sprang, haarscharf an meinem Gesicht vorbei, durch das Fenster wieder ins Freie. Ein anderes Mal sah ich zu meinem großen Entsetzen dicht neben mir den Kopf einer Schlange aus einer Spalte im Fußboden herausschauen. Bei Sonnenaufgang kommt Mrs. Chalmer herein (falls man das bei einem fast offenen Schuppen überhaupt so nennen kann) und macht Feuer, weil sie glaubt, ich sei zu dumm dazu. Als Spiegel dient mir die polierte Innenseite meiner Uhr. Bis sieben Uhr bin ich angezogen, habe meine Decken zusammengelegt und den Boden gefegt. Mein Frühstück, das aus etwas Milch und Brot oder Porridge besteht, stellt mir Mrs. C. auf die Kiste neben der Tür. Nach dem Frühstück hole ich noch mal Wasser. Ich wasche täglich eines oder zwei meiner Kleider, wobei ich sehr darauf achte, daß niemand merkt, wie unerfahren ich darin bin. Gestern hat ein Kalb an einem meiner Kleider gesaugt, jetzt ist es nur noch ein hoffnungsloser Lumpen. Für den Rest des Tages bin ich damit beschäftigt, zu stricken, Kleider auszubessern, an Dich zu schreiben und die vielen kleinen Dinge zu erledigen, die anfallen, wenn man ganz auf sich gestellt ist. Um zwölf Uhr mittags und um sechs Uhr abends wird mir etwas Futter auf die Kiste neben der Tür gestellt, und in der Abenddämmerung richten wir unsere Betten. In einem Behelfsschuppen unten am Fluß wurde vor kurzem ein Kind geboren. Jeden Tag besuche ich die Mutter, die sich sehr krank und elend fühlt, und helfe ihr bei der Arbeit. So langsam kenne ich all die abgehärmten, um ihre Existenz kämpfenden Siedler hier in der Nachbarschaft, die wegen irgendeiner Krankheit nach Colorado gekommen sind. Die meisten werden tatsächlich wieder gesund, auch wenn sie keine bessere Unterkunft als einen Planwagen oder ein Zelt aus vier Stöcken und einer Decke besitzen. Das Klima in Colorado soll das Beste in ganz Nordamerika sein, deshalb kommen Tuberkulose-, Asthma-, Magen- und Nervenkranke zu Hunderten und Tausenden hierher. Sie versuchen entweder für drei bis vier Monate die »Camp-Kur«, oder sie lassen sich für immer nieder. Sechs Monate im Jahr kann man hier im Freien schlafen. Die Luft ist trocken und dünn, der jährliche Niederschlag bleibt unter dem Durchschnitt, Tau ist eine Seltenheit, Nebel so gut wie unbekannt. Fast den ganzen Tag über scheint die Sonne vom wolkenlosen Himmel. Im Winter schneit es im Canyon recht selten, daher braucht man für das Vieh weder Futter noch einen Stall. Mir selbst geht es im Augenblick nicht sehr gut. Mein Körper und mein Geist sind so abgespannt, daß mir schon ein kurzer Spaziergang schwerfällt. Vermutlich ist das die milde Form von *Soroche*, einer Art Höhenkrankheit, die schnell vorbeigehen soll. Ich habe einen Plan geschmiedet, wie ich nach Estes Park kommen kann, und hoffe, daß mein nächster Brief etwas fröhlicher klingt. Heute morgen erschlug ich in der Nähe der Hütte eine Klapperschlange. Die Klappern, die aus elf Gelenken bestehen, habe ich an mich genommen. Die vielen Schlangen, die hier überall herumkriechen, machen mir das Leben zur Hölle. Da gibt es zunächst einmal die Klapper- und die Mokassinschlangen, deren Biß tödlich wirkt, dann die Rauten- und die sogenannten »grünen Rennschlangen«, die ebenfalls gefährlich sein sollen, und schließlich noch all die Wasser-, Baum- und Mäuseschlangen, die zwar harmlos, dafür aber ekelhaft sind. Seit ich hier bin, sind ganz in der Nähe der Hütte sieben Klapperschlangen getötet worden, und eine drei Fuß lange Schlange wurde zusammengerollt unter dem Kissen der kranken Frau gefunden. Allmählich sehe ich in jedem Zweig, der auf der Erde liegt, eine Schlange, und sowie ich es rascheln höre, bin ich fluchtbereit. Außer den Schlangen gibt es auch noch Insekten jeder Art und Größe. Sie krabbeln auf dem Boden und schwirren in der Luft herum; sie summen, brummen, beißen, stechen und fressen einen fast bei lebendigem Leibe auf!

BRIEF V

CANYON, SEPTEMBER 1873

Das fehlende Datum zeigt Dir meine mißliche Lage. *Sie* haben keine Zeitung, *ich* keinen Almanach. Der Vater ist heute den ganzen Tag weg, und keiner der anderen kann mir helfen. Für meinen Wunsch, so etwas wissen zu wollen, haben sie auch höchstens Verachtung übrig. Morgen wird mein eintöniges Leben hier beendet sein, denn Chalmers hat mir angeboten, mich nach Estes Park zu führen. Seine Frau hat er dazu überredet, »einmal eine Vergnügungstour zu unternehmen«. Nach langem Zögern – mit viel Geknurre über die Zeitverschwendung und allerlei Befürchtungen, was dabei so alles passieren könnte – sagte sie schließlich zu. Mein Leben ist weniger langweilig, seit das ihre für mich interessanter geworden ist. Da ich mich außerdem »angenehm« gemacht habe, stehen wir jetzt auf einigermaßen freundlichem Fuß. Bei meinem ersten Annäherungsversuch zeigten sie mir allerdings die kalte Schulter. Als ich vor ein paar Tagen mit meiner eigenen Arbeit fertig war, bot ich Mrs. C. an, die Teller abzuwaschen. Sie warf mir einen Blick zu, der mehr sagte als jedes Wort, kräuselte die Nase und meinte höhnisch: »Ich wette, Sie machen uns nur noch mehr Arbeit.« Danach deutete sie auf meine Hände (die auf dieser Reise recht grob und braun geworden sind) und sagte: »Hände wie die taugen nichts. Haben vermutlich noch nie was arbeiten müssen.« Und zu ihrer plumpen Tochter gewandt fügte sie noch hinzu: »Die sagt, sie will abwaschen. Ha! Ha! Mit *solchen* Armen und Händen!« Das war das einzige Mal, daß ich Mrs. C. um ein Haar hätte lachen hören. Ansonsten sah ich bei ihr während meines gesamten Aufenthalts noch nicht einmal den Anflug eines Lächelns. Mittlerweile bin ich in ihrer Achtung etwas gestiegen, weil ich mit einem Stoffetzen und einer Büchse Fett (auf hawaiische Art) eine Lampe improvisieren kann. Jetzt lassen sie sich sogar dazu herab, mit mir abends so lange zusammenzusitzen, bis die Sterne herauskommen. Durch die Decke, die ich für Dich stricke, wurde ein weiterer Schritt gemacht. Die Familie zeigte sich geneigt, dieses Werk gutzuheißen, und vor ein paar Tagen wurde es mir von dem Mädchen mit den Worten »Ich will das« aus der Hand gerissen und im Camp herumgezeigt. Und so kam ich zu meiner Strickklasse; Mrs. C., ihre verheiratete Tochter und eine Frau aus dem Camp sind meine Schülerinnen. In Mr. C.s Achtung bin ich ebenfalls gestiegen, weil ich ein Pferd einfangen und satteln kann.

Was für ein hartes, eingeengtes Leben führen doch diese Menschen! Für sie zählt einzig und allein ihre unduldsame Religion und ihr starker, aber engherziger Patriotismus. Chalmers kam vor neun Jahren aus Illinois hierher, nachdem die Ärzte festgestellt hatten, daß er an Lungenschwindsucht im fortgeschrittenen Stadium litt. Nach zwei Jahren war er geheilt. Die ganze Familie ist seltsam. Das Oberhaupt ist groß, hager, in Lumpen gekleidet und einäugig. Auf einer englischen Landstraße würde man ihn für einen halb verhungerten gefährlichen Bettler halten. Sonderlich intelligent ist er nicht, dafür aber äußerst starrsinnig; auch möchte er gern als gebildet gelten, was ihm aber nicht gelingt. Er gehört der striktesten Sekte der Reformierten Presbyterianer (»Psalmen-Sänger«) an und übertreibt die Bigotterie und Intoleranz, die für die Mitglieder dieser Sekte so kennzeichnend ist, noch um einiges. Daß seine Vorfahren zu den schottischen Covenantern* gehörten, ist sein ganz besonderer Stolz. Da er glaubt, ein profunder Theologe zu sein, hält er mir beim abendlichen Lagerfeuer stets eine lange Predigt über die Geheimnisse der ewigen Ratschlüsse und göttlichen Fügungen. Weitere unerschöpfliche Themen sind Fortschritt und Zukunft von Colorado. England haßt er mit einem bitteren persönlichen Haß, und jede meiner Bemer-

* Covenanter: Schottische Presbyterianer, die sich 1638 zu einem Bündnis zur Verteidigung ihres Glaubens zusammenschlossen.

kungen über Königin Viktorias Erfolge sieht er als persönliche Kränkung an. Er vertraut fest darauf, den Niedergang der Britischen Monarchie und die Auflösung des Empires noch miterleben zu können. Reden tut er für sein Leben gern, und des öfteren fragt er mich über meine Reisen aus. Jede positive Bemerkung über ein anderes Land betrachtet er jedoch sofort als Herabsetzung für Colorado.

Sie haben einen »squatters claim«* auf 160 Morgen Land und verfügen über Wasserkraft von unschätzbarem Wert. Chalmers betreibt als Holzfäller eine äußerst primitive Sägemühle. Mir ist inzwischen aufgefallen, daß dort tagtäglich etwas schiefgeht. Sollen Baumstämme transportiert werden, so fehlt stets einer der Zugochsen; ist das Holz jedoch unterwegs, bricht entweder ein Rad oder das Geschirr, und dann ruht die ganze Sache wieder für ein paar Tage. Die Hütte ist kaum mehr als ein Unterstand, aber man läßt sie so, weil man vor längerer Zeit schon einmal die Grube für ein Holzhaus ausgehoben hat. Die Pferde lahmen abwechselnd wegen eines losen Hufnagels, die Sättel sind meist unbrauchbar, weil der Gurt gerissen ist, der Planwagen und die Geschirre werden nur notdürftig mit Flicken und Seilen zusammengehalten. Nichts ist gebrauchsfertig oder heil. Und doch ist Chalmers ein genügsamer und nüchterner Mann, der zusammen mit seinem ältesten Sohn und einem »Lohnarbeiter« jeden Tag mit »den Hühnern aufsteht« und bis spät abends hart arbeitet. Daß er es in neun Jahren zielloser Arbeit zu nichts gebracht hat und seine Familie nur mit dem Allernötigsten versorgen kann, wundert mich allerdings kaum.

Mrs. C. sieht aus wie jene armen Engländerinnen, die wir durch die seelsorgerische Arbeit unseres Vaters seit Kindestagen kennen – mager, sauber, zahnlos. Auch wenn sie spricht, gibt es gewisse Ähnlichkeiten. Ihre Stimme klingt schrill, unzufrieden und vorwurfsvoll. Den ganzen

* squatters claim: Land, das ohne Rechtstitel erworben wurde

Tag über läuft sie mit einem riesigen Strohhut herum. Niemals vertrödelt sie auch nur eine einzige Minute, und sie verachtet alles, was nichts mit Arbeit zu tun hat. Ich glaube, sie leidet sehr unter der Ziellosigkeit ihres Mannes. Wenn sie von mir spricht, nennt sie mich stets »diese Frau«. Zur Familie gehören noch ein erwachsener Sohn, ein zielloser, trauriger junger Mann, der sich höchstwahrscheinlich nach einem etwas aufregenderen Leben sehnt, ein sechzehnjähriges Mädchen, eine saure, abstoßende Kreatur, die genausoviel Manieren hat wie ein Schwein, sowie drei harte, völlig unkindlich wirkende Kinder. Freundlichkeit in Wort und Tat scheint die ganze Familie als »Werk des Fleisches«, wenn nicht gar des »Teufels« anzusehen. Sie entschuldigen sich niemals, nehmen sich alles ungefragt und sehen mich grimmig erstaunt an, wenn ich mich für irgend etwas bei ihnen bedanke. Da ich nicht so hart arbeite wie sie, halten sie mich gewiß für sündig. Wenn ich ihnen doch nur einen »besseren Weg« weisen könnte! Sie scheinen keinerlei »Sonntagskleider« und überhaupt nur wenige Kleidungsstücke zu besitzen. Wie die meisten anderen Dinge ist auch die Nähmaschine kaputt. Ein einziger Kamm dient der ganzen Familie. Ihr Leben besteht nur aus Arbeit, Arbeit und nochmals Arbeit. Zu ihrem Viehbestand gehören zwei armselige Pferde, eine einigermaßen brauchbare Bronco-Stute, ein Maultier, vier Kühe aus einer miserablen Zucht, vier dürre und halb verhungerte Ochsen, ein paar außergewöhnlich unternehmungslustige Schweine und jede Menge Hühner. Die alten Sättel sind mit Schnüren zusammengebunden; die Zügel bestehen je zur Hälfte aus abgenutzten Lederriemen und Stricken. Keiner in der Familie trägt Strümpfe, nur Stiefel, die allerdings nie zusammenpassen und selbstverständlich niemals Schuhwichse sehen. Wer, außer in der kältesten Jahreszeit, unter einem Dach schläft, ist in ihren Augen völlig verweichlicht. Die verheiratete Tochter, die am anderen Flußufer wohnt, hat das gleiche harte, lieblose, arbeitswütige Wesen wie ihre Mutter. Jeden Morgen kommt die Familie kurz nach sieben zur »Andacht« in die Hütte. Chalmers singt dann zuerst einen Psalm (einen äußerst trostlosen »Klagegesang«), danach lesen sie reihum aus der Bibel vor, und zum Schluß spricht er noch ein Gebet.

Der Sonntag war schrecklich. Die Familie hielt sich wortwörtlich an das Gebot und verrichtete keinerlei Arbeit. Zweimal wurde eine Andacht abgehalten, die um einiges länger ausfiel als gewöhnlich. Da Chalmers außer theologischen Werken und ein paar langweiligen Reisebeschreibungen in seinem Haus keine Bücher duldet, verschliefen die Mutter und die Kinder fast den ganzen Tag. Bei dem Versuch, etwas zu lesen, schlief auch Chalmers selbst bald ein, und so wachten sie alle miteinander nur für ihre Mahlzeiten auf. Freitag und Samstag war es einigermaßen kühl gewesen, aber am Sonntag änderte sich das Wetter. Obwohl das Thermometer nur auf 33 Grad Celsius kletterte, habe ich seit Neuseeland keine so unerträgliche Hitze mehr erlebt. Die Sonnenstrahlen brannten auf die Erde und machten mich ganz krank. Dieser gräßliche Tag schien kein Ende zu nehmen. Zwar bot die Hütte, die im Schatten der Bäume steht, etwas Schutz, aber die Familie hatte sie in Beschlag genommen. Da ich allein sein wollte, nahm ich mir ein Buch und spazierte, in großer Furcht vor Schlangen, durch die verwelkten und raschelnden Blätter den Canyon hinauf. Dort legte ich mich auf einen unbehauenen Tisch, den wohl irgendein durchreisender Emigrant hier abgestellt hatte, und schlief sofort ein. Als ich wieder aufwachte, war es erst zwölf Uhr mittags. Die Sonne wirkte wie ein bösartiges weißes Magnesiumlicht; von der Fichte, unter der ich Schatten gesucht hatte, hing eine harmlose, aber riesige Baumschlange herab, als wolle sie sich gleich auf mich stürzen; von Kopf bis Fuß war ich mit schwarzen Fliegen bedeckt; Insekten erfüllten mit ihrem geschäftigen Lärm die Luft, und all die Schlangen, Heuschrecken, Wespen, Fliegen und Grashüpfer um mich herum schienen in der Gluthitze völlig außer Rand und Band geraten. Am späten Nachmittag trieb es mich wieder in die Hütte zurück, und am Abend lauschte ich für zwei Stunden einer Schimpfkanonade auf mein Heimatland und einer Generalverdammung aller Gläubigen, die außerhalb der Bruderschaft der Psalmensänger stehen.

Die Nacht brachte kein bißchen Kühle, gegen Morgen war jedoch ein Feuer angenehm. Du kannst Dir jetzt etwa eine Vorstellung von den Leuten hier machen. Sie führen ein sittenstrenges, hartes, liebloses, zermürbendes Leben, das ohne jeden Reiz ist und durch nichts gemildert wird. Zu dieser Umgebung mußt Du Dir noch einen mächtigen Canyon denken, der weder nach oben noch nach unten passierbar ist, und hohe Bergwände, die sich erst einige Meilen von hier zu dem endlosen Präriemeer hin öffnen.

Eine halbe Meile von hier wohnt ein englischer Arzt. Chalmers beschimpft ihn als »dickköpfigen Engländer«, der »kultiviert« und »gebildet« sei. Er beschuldigt ihn auch, »extreme Meinungen zu vertreten, die gegen jegliche Sittlichkeit verstoßen«. Von jemandem zu sagen, er sei »gebildet«, ist hier tatsächlich ein Vorwurf. Trotzdem gelang es mir, Mrs. C. zu überreden, mir den Weg zu ihm zu zeigen. Sie beabsichtigte, einen formellen Morgenbesuch daraus zu machen, trug aber dennoch ihren unvermeidlichen Strohhut und hatte ihr Kleid wie am Waschtag hochgebunden. Das Haus des Arztes lag in einem Grastal, das sich von dem gewaltigen Canyon her öffnete. Inzwischen an die schäbigen und kargen Siedlerunterkünfte gewöhnt, war ich entzückt, vor mir ein kleines Haus zu sehen, bei dem die übliche Blockhütte nur das untere Stockwerk bildete. Es hatte erfreuliche Ähnlichkeit mit einem Schweizer Chalet. Vom Hügel her trieb ein junges Schweizermädchen die Kühe nach Hause, am Zaun stand eine Frau in einem sauberen Kleid aus bedrucktem Stoff mit einem Baby auf dem Arm, und ein gutaussehender Herr in gestreiftem Garibaldihemd und einer ebensolchen Hose war damit beschäftigt, Mais zu enthülsen. Sowie Mrs. Hughes zu sprechen begann, wußte ich, daß ich eine wirkliche Lady vor mir hatte, und die kultivierte, höfliche und anmutige Art, mit der sie uns ins Haus einlud, wirkte höchst erfrischend. Der niedrige Eingang der Holzveranda wurde fast völlig von den Ranken einer »Wildgurke« verdeckt. Die Einrichtung war einfach, trotzdem sah es nach einem gemütlichen Zuhause und nicht nach der Hütte eines »Squatters« aus. Eine alte Blechbüchse war fast völlig von anmutiger Klematis und wildem Wein überwuchert, es gab weiße Musselinvorhänge, und an der Wand hingen zwei Regale mit einer bewundernswerten Auswahl an Büchern, die dem Raum fast einen Hauch von Eleganz vermittelten. Warum schreibe ich »fast«? Es war eine Oase. Vor knapp drei Wochen hatte ich die »Gesellschaft der gebildeten Menschen« verlassen, aber die ersten Worte und die Stimmen meiner Gastgeber gaben mir das Gefühl, als sei seitdem schon ein Jahr vergangen. Sobald uns Mrs. C. verließ, um nach ihren Kühen zu sehen, stürzten wir uns in ein langes Gespräch unter Gleichgesinnten. Sie erzählten mir, sie hätten schon seit zwei Jahren keinen gebildeten Menschen mehr zu Gesicht bekommen, und drängten mich, sie öfter zu besuchen.

Als ich in der Dunkelheit auf Mr. Hughes Pferd zurückgeritten war, fand ich in der Hütte weder Licht noch Feuer vor. »Diese Engländer redeten wie die Wilden«, hatte Mrs. C. ihrer Familie erzählt, als sie nach Hause kam, »ich habe kein Wort verstanden.« Nachdem ich Feuer gemacht und eine Lampe improvisiert hatte, kam Chalmers herein, um mir eine Frage zu stellen, die offensichtlich die Neugierde der gesamten Familie geweckt hatte. »Sein Weib«, sagte er, habe ihm berichtet, daß Dr. H. und ich ständig von einer Mrs. Grundy* gesprochen hätten, die wir beide kannten und nicht mochten. Anscheinend wohne sie hier ganz in der

* Mrs. Grundy: Figur aus einem englischen Theaterstück von 1798, die zwar selbst nie auftaucht, aber ihre Nachbarn bei allem, was sie tun und lassen, zu der Frage veranlaßt: »Was wird wohl Mrs. Grundy dazu sagen?« Mrs. Grundy ist damit das Symbol für konventionelle Anständigkeit und Prüderie.

Nähe, er habe aber noch nie etwas von ihr gehört, obwohl er doch der erste Siedler hier im Canyon gewesen sei. Inzwischen war die gesamte Familie hereingekommen, und ich fühlte mich ziemlich in die Enge getrieben. Am liebsten hätte ich Chalmers ins Gesicht gesagt, daß er und seinesgleichen die wahren »Mrs. Grundys« dieser Welt sind – engherzige Menschen, die mit bösen Zungen über die anderen herfallen, die harte Urteile fällen, alles Individuelle verkümmern lassen, die Redefreiheit beschneiden und jemanden wegen eines »falschen Wortes« zum Verbrecher stempeln –, aber ich sagte nichts dergleichen. Frag mich nicht, wie ich mich aus der Affäre zog.

Den restlichen Abend verbrachten wir damit, uns auf die Überquerung der Berge vorzubereiten. Chalmers behauptet, er kenne den Weg so gut, daß wir morgen abend am Fuße des Long's Peak schlafen würden. Mrs. Chalmers bereut es, daß sie eingewilligt hat, uns zu begleiten. Was könnte ihrer führerlosen Familie unterdessen nicht alles zustoßen, und was für Katastrophen würde es unter ihren Kühen und Hühnern geben! Daß ihr ältester Sohn und der Lohnarbeiter die Sägemühle für einen Jagd- und Angelausflug schließen würden, daß die Kühe allein losziehen und ein Individuum, das man respektvoll als »Mr. Skunk« bezeichnet, ihren Hühnerstall verwüsten würde, hätte ich ihr auch jetzt schon prophezeien können.

Namenlose Region, Rocky Mountains, September

Mir scheint, daß ich hier oben weiter von Dir entfernt bin als an jedem anderen Punkt meiner Reise, den vereisten Gipfel des Mauna Loa ausgenommen. Diese Gegend ist vom Menschen noch völlig unberührt. Gerade stand ein Wapitihirsch mit schwerem Geweih so nahe vor mir, daß ich das vom Rauhreif steife Gras unter seinen Füßen knistern hörte. Er sah mich kurz an und trottete dann langsam davon. Letzte Nacht fraßen Bären ganz in unserer Nähe die Kirschbüsche kahl, und gerade schaue ich zwei wunderschönen Blaudrosseln zu, die nur einen Steinwurf von mir entfernt nach Futter picken. Hier ist das »Große Einsame Land«, wo bis vor kurzem noch die Jagdgründe der Indianer waren. Bis jetzt ist es noch völlig unvermessen, kaum erforscht und nicht besiedelt. Hier oben steht eine einsame Jagdhütte, die aber nur während der Hirschjagd im Winter für ein paar Wochen benutzt wird. Es ist jetzt sieben Uhr morgens. Die Sonne steht noch nicht hoch genug, um den Rauhreif zu schmelzen, die Luft ist klar und kalt. Von einem weit entfernten Canyon her hört man das geheimnisvolle Rauschen eines Flusses, nach dem wir gestern abend zwei Stunden lang vergeblich suchten. Ansonsten ist es vollkommen still. Die Pferde sind weg, und »dieser Mann« und »diese Frau« (um mich mal so auszudrücken, wie meine Reisegefährten das immer tun) haben sich aufgemacht, um sie zu suchen.

Die Szenerie hier oben ist herrlich, zugleich erhaben und schön. Die unberührte Natur gibt mir neues Leben, und in der kühlen Luft ist alle Müdigkeit wie weggeblasen. Dies ist keine Gegend für Touristen und Frauen, nur Hirsch- und Bärenjäger kommen gelegentlich hierher. Sie zu beschreiben ist recht schwer, denn weder Du noch ich haben je zuvor etwas dergleichen gesehen. Es gibt hier ein Hochtal, in dem Gras und Blumen wachsen; man sieht Bergschneisen mit steil abfallenden Wiesen und malerisch verteilten Fichtenwäldchen; trockene Bachbetten, von Kirschsträuchern gesäumt; Berghänge, die dicht mit Fichten bewachsen sind, und Berge, die, in kühne, graue Felstürme zerklüftet, in den blauen Himmel ragen. Ein enges Seitentälchen mit hellgrünem Gras, auf dem die Büsche des Zwergiacksumachs wie Geranienbeete wirken, neigt sich so sehr nach Westen, als wolle es uns zu dem Fluß führen, den wir suchen. Für den Long's Peak, den Mont Blanc von Nordcolorado, mit seinem geborstenen, zinnengekrönten, einsamen, unheimlichen, imposanten, in zwei Spitzen auslaufenden Gipfel, scheint all diese Schönheit jedoch nur den Rahmen abzugeben.

Zu diesem Ausblick muß nichts mehr hinzugefügt werden. Das sind nicht nur die Rocky Mountains meiner Kinderträume – sie übertreffen alle meine Erwartungen. Wie gerne würde ich für einige Zeit in diesen höheren Regionen bleiben, aber ich weiß schon jetzt, daß unsere Expedition an Chalmers Dummheit scheitern wird.

Es gibt hier, auf 7500 Fuß Höhe, ein romantisches Fleckchen, das Estes Park heißt. Man kann es erreichen, indem man von der Prärie her durch den St. Vrain Canyon hinaufsteigt. Chalmers war sich jedoch sicher, mich auf einem viel kürzeren Weg über die Berge führen zu können, und wir brachen gestern nachmittag auf. Ich hoffte dabei sehnlichst, nicht mehr hierher zurückkehren zu müssen. Mrs. C. war den ganzen Dienstag über eifrig damit beschäftigt, das »Futter«, wie sie es nennt, vorzubereiten, das zusammen mit »jeder Menge Bettzeug« auf das Packmuli geladen werden sollte. Als es jedoch losging, stellte ich zu meinem großen Ärger fest, daß Chalmers auf dem Packtier saß und mein Sattel hoch, breit und unbequem geworden war, weil darunter zwei dicke Baumwolldecken steckten. Hätte jemand den Aufbruch unserer grotesken Expedition beachtet, hätte er lachen müssen. Ich ritt auf einem uralten eisgrauen Pferd, dessen Unterlippe vor Schwäche herabhing und seine wenigen Zähne entblößte. Seine Vorderbeine standen nach vorne ab, seine fast blinden Augen tränten. Daß es in dieser Höhe auf üppige Weiden kommt, ist eine wahre Barmherzigkeit. Der alte Kavalleriesattel, auf dem ich saß, hatte ein kaputtes Sattelhorn, die Zügel bestanden auf der einen Seite aus einem halb verrotteten Lederriemen, auf der anderen aus einem Stück Seil. Von der Mähne bis zum Schwanz war meine Rosinante in Baumwolldecken eingehüllt. Mrs. C. trug einen alten Rock, einen alten Halbmantel, eine bedruckte Schürze und einen Sonnenhut, dessen Krempe ihr bis zur Hüfte reichte. Ansonsten sah sie aus wie immer, abgehärmt und sauber. An ihrem Sattel hingen ein Kochtopf und ein

Bündel Kleider, während ihr Sattelgurt schon bei unserem Aufbruch dem Platzen nahe war.

Mein Tornister, mit dem abgenutzten Schirm obendrauf, war hinter meinem Sattel verstaut. Wegen der stechenden Sonne band ich mir den Sonnenschutz des Schirms über den Hut und ein Taschentuch vors Gesicht. Die komischste Figur von uns allen gab jedoch unser sogenannter Führer ab. Mit seinem einen Auge, seinem hageren Körper und seinen zerrissenen Kleidern glich er eher einem wandernden Kesselflicker als einem ehrlichen Siedler. Es sah fast so aus, als würde er rittlings über seinem hageren Muli stehen, dessen Schwanz bis auf das kleine Büschel, das die Quaste bildete, völlig kahlgeschoren war. Hinter seinem Sattel hatte er zwei lecke Mehlsäcke festgebunden, darunter lagen zwei Decken. Am Sattelknauf hingen mein Segeltuchsack, eine reichlich zerbeulte Feldflasche, eine Pfanne und zwei Lassos. An einem Fuß trug er einen alten hohen Stiefel, in den er ein Hosenbein gesteckt hatte, am anderen einen alten Schuh, aus dem seine Zehen hervorschauten.

Unser Aufstieg dauerte mehrere Stunden. Als wir den Canyon verlassen hatten und den ersten Kamm überquerten, ergab sich ein einmaliger Ausblick über all die Bergketten mit ihren tiefen Canyons und ellipsenförmigen Tälern. Wohin man sah, wogte auf den Berghängen üppiges Gras. Nicht weit von hier, in North Park, soll angeblich viel Gold zu finden sein. Da die Indianerstämme dieses riesigen Gebietes mit den Weißen und untereinander im Dauerkrieg leben, kehren jedoch die wenigstens Goldsucher von dort zurück.

Als wir hier oben auf eine primitive Blockhütte stießen, brach Chalmers ohne jeden Skrupel das Vorhängeschloß auf. Wir zündeten ein Feuer an, machten Tee, brieten etwas Speck und setzten nach diesem guten Mahl unseren Weg fort. Vier ermüdende Stunden lang suchten wir nach dem Abstieg zum Big Thompson River, den wir überqueren mußten. Als die Suche schließlich immer langweiliger wurde, stand der Long's Peak wie ein Wahrzeichen vor uns, und ich wußte, daß Estes Park irgendwo in der blauen Mulde zu seinen Füßen lag. Die unwegsame Strecke dazwischen wurde jedoch nicht kürzer, die Sonne neigte sich mehr und mehr nach Westen, und die Schatten wurden immer länger; Chalmers, der in so anmaßend lauter Selbstsicherheit losgeritten war, wurde immer konfuser, die dünne Stimme seiner Frau immer quengeliger und schriller, mein stolperndes Pferd immer unsicherer, und ich selbst immer entschlossener, die blaue Mulde am Fuße des Long's Peak zu erreichen. Ja sogar den Long's Peak selbst mit seinem glitzernden Schnee würde ich besteigen. Langsam wurde die Lage ernst, durch Chalmers völlige Inkompetenz vielleicht sogar gefährlich. Nach einem Erkundungsritt kam er zurück, von sich selbst überzeugter denn je. Er habe einen Weg gefunden, meinte er, wir könnten in der Dunkelheit den Fluß überqueren und am anderen Ufer für diese Nacht kampieren. Daraufhin führte er uns in eine steile, tiefe Schlucht hinunter. Wir mußten absteigen, denn überall lagen Bäume kreuz und quer, und auf den großen schrägen Felsplatten fand man so gut wie keinen Halt. Immerhin gab es einen einigermaßen ausgetretenen Pfad. Mein Pferd stürzte als erstes, und als es sich zweimal überschlug, brach ein Teil des Sattels ab. Bei seinem zweiten Überschlag bekam ich einen Stoß, der mich über eine drei Fuß tiefe Felsplatte hinwegschleuderte. Kurz darauf stürzten Mrs. C.s Pferd und das Muli aufeinander und verabreichten sich gegenseitig wütende Bisse, als sie wieder auf die Beine kamen. Die Schlucht wurde durch riesige Felsblöcke und überhängende Bergwände immer wilder; an den spitzen Nadeln der Zedern und den Stacheln der Kakteen rissen wir uns die Füße blutig. Zum Schluß standen wir vor einem Abgrund, volle fünfhundert Fuß tief! Der vermeintliche Weg war ein Bärenpfad!

Als wir die Schlucht, die wir so sinnlos hinuntergestiegen waren, wieder hochkletterten, wurde es bereits dunkel. Die

Pferde stürzten mehrfach; meines kam fast nicht mehr hoch, obwohl ich ihm half, so gut ich konnte. Mein Kleid war zerrissen, ich selbst zerkratzt und voll blauer Flecken; ein Kaktusdorn hatte sich in meinen Fuß gebohrt und irgend etwas bösartig Spitzes stach mich in den Nacken. Die arme Mrs. C. war mit blauen Flecken übersät; sie tat mir herzlich leid, denn im Gegensatz zu mir machte ihr die Sache überhaupt keinen Spaß. Es war eine schlimme Kletterpartie. Als wir aus dem wildesten Teil der Schlucht herauskamen, war Chalmers so verwirrt, daß er zunächst die falsche Richtung einschlug. Erst nach einer Stunde vagen Umherirrens gelang es mir durch hartnäckiges Reden, sein schwaches Hirn zu erreichen und ihn auf den richtigen Weg zurückzulenken. Ich war ziemlich wütend auf diesen inkompetenten Angeber, der sich damit großgetan hatte, er könne uns mit »verbundenen Augen« nach Estes Park führen; gleichzeitig tat er mir aber auch wieder leid, daher hielt ich meinen Mund, obwohl ich den ganzen Irrweg zu Fuß gehen mußte, um mein erschöpftes Pferd zu schonen. Als wir schließlich bei Dunkelheit aus der Schlucht herauskamen, gerieten wir in ein so heftiges Schneegestöber, daß wir trotz der Kälte haltmachen und kampieren mußten. Obwohl wir nichts zu essen hatten, zündeten wir ein Feuer an. Ich legte mich auf trockenes Gras, nahm meinen Sattel als Kopfkissen und schlief fest, bis mich die vielen schmerzenden Kratzwunden und der eisige Frost wieder weckten. Chalmers hatte mir versprochen, um sechs Uhr früh erneut einen Versuch zu wagen. Um fünf habe ich ihn geweckt und sitze jetzt, um 8.30, alleine da! Wie oft habe ich ihm schon gesagt, er solle die Pferde anpflocken, aber er behauptet, das sei nicht nötig. Jetzt trotten sie gerade gemütlich und fröhlich nach Hause. Vor einer Stunde habe ich sie noch gesehen, mehrere Meilen von hier, Chalmers dicht hinter ihnen. »Er ist der dümmste und liederlichste aller Taugenichtse«, schimpfte seine Frau, die sich ebenfalls an der Jagd beteiligt, in ihrer wütenden Verzweiflung, worauf ich ihn mit dem Argument »er will schon das Richtige«

in Schutz nahm. Es gibt hier oben eine Art Brunnen, doch unser »Nachmittagstee« und das Tränken der Pferde haben ihn völlig geleert. So hatten wir seit gestern nichts mehr zu trinken, denn als das Muli hinfiel, lief die Feldflasche aus, weil der Korken fehlte. Ich habe mir ein Riesenfeuer angezündet, aber Ungeduld und Durst sind schwer zu ertragen und vermeidbare Mißgeschicke immer recht ärgerlich. Vorhin fand ich den Magen eines Bären mit einem ganzen Pfund Kirschkerne darin. Eine volle Stunde habe ich dazu gebraucht, sie herauszuklauben. Und siehe da! Jetzt, um halb zehn, kehrt der Missetäter mit seiner Frau und den Pferden zurück.

CANYON, 21. SEPTEMBER

Bis Estes Park sind wir nicht gekommen, weil es überhaupt keinen Weg über die Berge gibt. Um zehn Uhr brachen wir vom Camp aus auf und verbrachten vier Stunden damit, den Weg zu suchen. Chalmers Selbstbewußtsein nahm nach jedem mißglückten Versuch ein wenig ab. Ein paarmal versperrte uns ein Abgrund oder sonst etwas den Weg. Schließlich ging er alleine los und kehrte hocherfreut zurück. Er hatte einen ausgetrampelten Pfad gefunden, der offensichtlich den Jägern dazu diente, ihre erbeuteten Tiere davonzuschleifen. Vergebens wies ich ihn darauf hin, daß dieser Pfad nach Südwesten führte, statt nach Nordosten, und nach oben statt nach unten, worauf er mir jedesmal mit »Oh, wir sind schon richtig, wir kommen bald ans Wasser« antwortete. Zwei Stunden lang kletterten wir durch ein Espendickicht den Berg hinauf, wobei es zunehmend kälter wurde. Der Pfad, der immer schmaler geworden war, endete schließlich ganz. Als wir durch eine Öffnung den Storm Peak sehen konnten, mußte ich einfach lachen: Chalmers hatte sich also genau von Estes Park abgewandt. Er gab jetzt zu, daß er sich verlaufen hatte und den Rückweg nicht mehr finden konnte, worauf sich seine Frau auf den Boden setzte und bitterlich zu weinen anfing. Nachdem wir etwas trockenes Brot gegessen hatten, bot ich Chalmers an, die Führung zu übernehmen. Er stimmte zu, und wir begannen den langen Abstieg. Als seine Frau kurz darauf vom Pferd fiel, heulte sie abermals vor Wut und Angst. Wenige Minuten später brach der Sattelgurt des Muli, womit das ganze Mehl verschüttet war; als nächstes brach dann der Sattelgurt des Pferdes, worauf Mrs. C. samt Sattel über den Kopf des Tieres flog. Chalmers begann hilflos am Sattel herumzubasteln, während er ununterbrochen gegen England wetterte. Am Rande des Parks machten wir ein Feuer und aßen etwas Brot und Speck. Die Suche nach Wasser nahm uns fast zwei Stunden lang in Anspruch. Schließlich fanden wir ein zertrampeltes Schlammloch mit jeder Art von Tierspuren, das jedoch nur wenig Wasser, dick wie Erbsensuppe, enthielt. Damit tränkten wir die Pferde und brauten uns einen starken Tee.

Als wir uns zu dem Vier-Stunden-Ritt nach Hause aufmachten, ging die Sonne gerade in voller Pracht unter; die Kälte wurde immer schlimmer und setzte unseren geschundenen Gliedmaßen schmerzhaft zu. Die arme Mrs. C. war mehrmals vom Pferd gestürzt, ertrug aber geduldig ihre Schmerzen. »Diese Frau tut mir wirklich leid«, hörte ich sie einige Male zu ihrem Mann sagen, und das meinte sie sogar ganz freundlich. Da ich mich vor Kälte völlig steif fühlte und das ewige Stolpern des Pferdes leid war, ging ich die letzten zwei Stunden zu Fuß. Wohl um von seinem eigenen Mißerfolg abzulenken, beschimpfte Chalmers unaufhörlich und laut alle Anhänger anderer Glaubensrichtungen und wetterte über England. Trotz allem sind die beiden keine schlechten Seelen. Chalmers hat sein inkompetentes Bestes gegeben, auch wenn das ganze Unternehmen auf so absurde Weise gescheitert ist. Das Feuer in der verfallenen Hütte munterte mich wieder etwas auf. Die ganze Nacht über sorgte ich dafür, daß es weiterbrannte, und beobachtete durch die Löcher im Dach die Sterne. Ich dachte dabei an die herrliche Einsamkeit des Long's Peak und beschloß, daß ich Estes Park erreichen würde, komme, was da wolle!

BRIEF VI

Lower Canyon, 25. September 1873

Dies ist eine völlig andere Welt, in die ich, wie folgt, meinen Einzug hielt: Chalmers hatte mir zu einem vernünftigen Preis die Bronco-Stute angeboten, die ich auf meinem Ritt hierher ausprobieren wollte, obwohl sie ein durchtriebenes junges Ding und erst halb eingeritten war. Sowie ich losritt, setzte sie es sich in den Kopf zu »bocken«, und als ich sie mit dem Fuß berührte, sprang sie über einen Holzstoß, und der Sattelgurt brach. Man erzählte mir, daß ich während des Sprungs von einer guten Höhe herab über den Schwanz des Pferdes flog, auf dem harten Kies landete und zum Schluß noch einen Tritt aufs Knie bekam. Kaum zu glauben, daß alle meine Knochen heil geblieben sind. Mein linker Arm sieht aus wie rohes Hackfleisch, aber ein paar kalte Umschläge werden ihn bald wieder in Ordnung bringen. Auf dem Rücken hatte ich eine stark blutende Wunde, und der Blutverlust, die vielen Quetschungen und der Schrecken schwächten mich. Die Umstände erlaubten es jedoch nicht, »großes Theater« zu machen, und ich glaube wirklich, daß sich letzten Endes die Risse in meinem Reitkleid als das Bemerkenswerteste an diesem Unfall erweisen werden.

Das Haus mit dem dekorativen Schweizer Dach steht in reizvoller Umgebung. Durch das Tal fließt ein klarer, rasch dahineilender Fluß, der einer etwas höher gelegenen, unzugänglichen Schlucht entspringt; die Porphyrklippen und -terrassen, aus denen die eine Talseite geformt ist, erglühen im Sonnenuntergang zinnoberrot; hier und da erhascht man durch die Felsspalten hindurch einen Blick auf die mit Fichten gekrönten Gipfel, die im Abendlicht in allen Schattierungen, von purpur bis violett, erstrahlen. Jeden Abend versetzen mich Himmel und Erde mit ihren kräftigen Farbtönen in eine Art Zauberland. Was die Farbenpracht anbelangt, schlagen die Rocky Mountains alles, was ich bisher gesehen habe.

Wie die unglückselige Geschichte* meiner Gastgeber zeigt, gibt es Leute, die besser *nicht* nach Colorado kommen sollten. Dr. H. ist ein außerordentlich gebildeter und begabter Mann, der als Sohn eines Londoner Arztes die fortschrittlichste Erziehung genossen hat, die man sich denken kann. Mit einem anderen Arzt zusammen betrieb er eine gutgehende Praxis, als sich bei ihm plötzlich die Symptome einer Lungenkrankheit zeigten. In einer unglücklichen Stunde hörte er von Colorado, seinem »unvergleichlichen Klima, unerschöpflichen Bodenschätzen«. Er war fasziniert, nicht nur von den materiellen Vorteilen, sondern auch von der Vorstellung, hier nach seinen eigenen, fortschrittlichen Theorien eine bessere Gesellschaft gründen zu können. Mrs. Hughes ist eine der charmantesten, gebildetsten und liebenswertesten Frauen, die ich kenne. Beide sind noch unter fünfunddreißig, führen eine ideale Ehe, und haben die besten Voraussetzungen, um in jeder Gesellschaft zu glänzen. Von Land- und Hauswirtschaft hatten sie dagegen nicht die geringste Ahnung. *Er* wußte nicht, wie man ein Pferd sattelt, *sie* wußte nicht, ob man ein Ei zum Kochen in heißes oder kaltes Wasser legt. Als sie hierher kamen, erwarben sie dieses Stück Land vor allem wegen seiner Naturschönheit. Die Siedler in der Gegend schienen sie als leichte Beute zu betrachten, denn man betrog sie um Land, Güter, Ochsen und vieles mehr. Bisher ist ihnen alles schiefgegangen, und obwohl sie jeden Morgen früh aufstehen und bis spät abends hart arbeiten, können sie sich kaum über Wasser halten. Ein junges Mädchen aus der Schweiz, das beiden sehr zugetan

* Diese Geschichte hat jetzt ein Ende gefunden. Ein paar Monate nach meinem Besuch starb Mrs. H. im Kindbett und ließ ihren Ehemann mit fünf Kindern, alle unter sechs Jahren, zurück. Sie wurde an der öden Hügelseite begraben. Dr. H. lebt heute als wohlhabender Mann auf einer der sonnigsten Pazifikinseln und ist inzwischen mit dem Mädchen aus der Schweiz verheiratet.

ist, arbeitet genauso hart wie sie selbst. Sie besitzen ein paar Hühner, ein paar Kühe und ein Pferd, aber keinen Wagen. Noch nie sah ich gebildete Leute einen härteren und aussichtsloseren Existenzkampf führen. Alle ihre Erfahrungen mußten sie mit Mühsal und Verlusten teuer bezahlen. Daß sie überhaupt so viel gelernt haben, finde ich erstaunlich. Die drei bauten ohne jede fremde Hilfe die Blockhütte in ein Haus um; Dr. H. bestellt sein Land selbst und hat auch die schwierige Kunst des Kuhmelkens gelernt; Mrs. H. näht alle Kleider, die ihre sechsköpfige Familie braucht, und verbringt nach der harten Tagesarbeit, wenn sie zum Umfallen müde ist, noch den ganzen Abend mit Flicken und Stopfen. Jeder Tag ist eine einzige *Schinderei*, ohne Pause, ohne Abwechslung und ohne die Möglichkeit, sich mit gebildeten Nachbarn zu unterhalten. Wenn dann und wann einmal eine der wohlhabenden, sparsamen, von hausfraulichem Stolz erfüllten Siedlergattinnen »vorbeischaut«, geschieht das offensichtlich bloß, um Mrs. H. ihre Überlegenheit spüren zu lassen. Wenn sie doch nur für das neugeborene Kalb, den Butterpreis und die Aussichten auf die Kürbisernte etwas mehr Interesse aufbringen könnte! Zwar hat sie inzwischen gelernt, ausgezeichnete Butter zu machen und Brot zu bakken, aber im Innersten widerstrebt ihr das alles. Die Kinder der Familie machen mir viel Freude. Sie sind wohlerzogene, freundliche kleine Gentlemen, bei denen alles, was sie sagen und tun, ihre zärtliche Liebe für die Eltern verrät. Obwohl man in diesem Haus niemals ein böses Wort hört, sind auch die Kinder schon von dem mühseligen Leben gezeichnet. Die Sorge um ihre Mutter steht bei ihnen immer an erster Stelle. Sie essen keine Butter, wenn sie glauben, der Vorrat sei zu klein, sie holen Holz und Wasser, auch wenn sie es kaum schleppen können, sie machen sich Sorgen um die Ernte oder den nächsten Winter. Trotzdem sind sie unschuldig und kindlich geblieben.

Die »Abschaffung der Kindheit« ist eines der schmerzlichsten Dinge in den westlichen Staaten und Territorien.

Nirgendwo habe ich Kinder gesehen, nur schlechte Imitationen von Männern und Frauen, die mit zehn Jahren von ihren Eltern völlig unabhängig sind. Sie wachsen in einer Umgebung auf, in der es nur Gier, Gottlosigkeit und Selbstsucht gibt. Die kleinen Lieblinge der Hughes kommen mir daher wie Blumen in der Wüste vor.

Die Familie führt eine ziemlich armselige Existenz. Immer wieder wurde ihre karge Ernte von Heuschrecken vernichtet, und da Dr. H. das Talent zum »Gerissensein« völlig abgeht, ist er bei allen Kaufabschlüssen übers Ohr gehauen worden. Damit bleibt ihm gerade noch soviel, daß er seine Kinder ernähren kann. Sein Mißerfolg sollte allen eine Warnung sein, die glauben, sich ohne ausreichende Erfahrung in der Landwirtschaft in Colorado eine Existenz aufbauen zu können.

Trotz der Sorgen, die ich mir um diese interessante Familie mache, habe ich hier eine sehr schöne Zeit verlebt. Ich würde gern noch etwas länger bleiben, aber Mr. und Mrs. H. haben für mich ihr Strohbett geräumt und schlafen auf dem Boden, obwohl die Nächte reichlich kalt sind. Wir arbeiten alle von früh bis spät, und nachdem die Kinder zu Bett gegangen sind, liest uns Mr. H. aus Tennysons Gedichten vor, während wir drei Frauen Hemden nähen und Kleider ausbessern. Dann und wann legt Mrs. H. ihre Arbeit für ein paar Minuten beiseite und liest uns mit großem Einfühlungsvermögen eines ihrer Lieblingsgedichte vor. In diesen schönen Stunden vergessen wir völlig, daß uns der kommende Tag wieder Kummer und Sorgen bringen wird, daß es immer noch Menschen gibt, die andere betrügen und dem Gold nachrennen, daß wir in den Rocky Mountains sind und daß es beinahe Mitternacht ist. Doch dann beginnt der nächste Morgen und mit ihm die Hitze und die erdrückende Arbeit, die nie ein Ende nimmt. Wenn Dr. H. dann zwei- bis dreimal am Tag völlig erschöpft vom Feld ins Haus kommt, sprechen sie sich gegenseitig Trost zu. Ich fürchte nur, Colorado-Siedler müßten aus härterem Holz geschnitzt und anpassungsfähiger sein.

Heute war für mich ein herrlicher Tag, obwohl ich von neun Uhr früh bis fünf Uhr abends hart gearbeitet und nur eine kurze Pause eingelegt habe. Ich hatte folgenden Plan geschmiedet: Damit sich Mr. und Mrs. H. einmal einen Nachmittag lang ausschlafen konnten, sollte das Schweizermädchen mit den Kindern unserem nächsten Nachbarn einen Besuch machen, während ich so eine Art Hausputz veranstaltete. Zuerst mußte ich mich jedoch um meine eigene Wäsche kümmern, weil mir das letzte Woche wegen des schlimmen Arms nicht möglich war. Ein Kleiderwringer, den man an die Seite des Bottichs schraubt, ist da eine große Hilfe. Bevor ich meine Kleider dort durchdrehe, lege ich sie gut zusammen und spare mir somit das Bügeln. Nachdem ich die Eimer, Milchkannen und Butterfässer gut gescheuert und das Brot gebacken hatte, stürzte ich mich auf die Töpfe und Pfannen, die in letzter Zeit etwas vernachlässigt worden waren. Gerade als ich mitten in der Arbeit steckte und ziemlich verschmiert und schmutzig aussah, kam ein Mann herein, der wissen wollte, wo er mit seinem Ochsengespann den Fluß überqueren könne. »Du bist wohl das neue Hausmädchen?« fragte er, als ich ihm die Stelle zeigte, und mit mitleidsvollem Blickt fügte er hinzu: »Mein Gott, was bist du klein geraten!«

Gestern kochten wir für den Winter 150 kg Tomaten ein und ernteten etwa zwei Tonnen Kürbisse (zwei davon wogen 140 Pfund) für das Vieh. Einen Viertel Morgen Mais erntete ich ganz alleine ab, doch die Ausbeute war kläglich und die Hülsen waren kaum gefüllt. Die Feldarbeit ziehe ich dem Pfannenscheuern und dem Waschbottich ganz entschieden vor, und beides zusammen dem Nähen und Schreiben.

Dies ist kein Arkadien. »Gerissensein«, also seinen Nachbarn auf alle Arten reinzulegen, die nicht illegal sind, gilt als höchste Tugend, und die Gottheit, die man in dieser Gegend verehrt, heißt Mammon. Aber was kann man schon von einer Generation erwarten, die dazu erzogen wurde, das eine zu bewundern und dem anderen zu huldigen? Für die Leute in dieser Gegend gibt es drei Arten, einen Sonntag zu verbringen: Erstens, man macht Besuche, geht auf die Jagd oder zum Fischen; zweitens, man verschläft den ganzen Tag und rührt keinen Finger; drittens, man arbeitet wie gewöhnlich. Letzten Sonntag war ein Mann hier zu Besuch, der behauptete, er glaube weder an die Bibel noch an Gott und denke gar nicht daran, das Brot für seine Kinder altmodischen Vorurteilen zu opfern.

Die Tage sind jetzt klar, die Nächte eiskalt. Überall bereitet man sich auf den Winter vor. Die Touristen aus dem Osten machen sich scharenweise nach Denver auf, und von den Bergen kommen die Vermessungstrupps herunter. In den höheren Regionen ist bereits Schnee gefallen, meine Hoffnung, nach Estes Park zu kommen, ist daher gleich Null.

LONGMOUNT, 25. SEPTEMBER

Gestern hatten wir perfektes Wetter: strahlenden Sonnenschein und erfrischend kühle Luft. Nach der harten Tagesarbeit und einem Abendspaziergang mit meinen Freunden ging ich fröhlich zu Bett und hoffte, daß dieses Klima meiner Gesundheit doch noch guttun würde. Als ich jedoch heute morgen aufwachte, fühlte ich mich ausgesprochen matt, und als ich nach draußen ging, erwarteten mich dort statt der köstlichen Luft von gestern eine unerträglich stikkige Hitze, eine Art Schirokko, und eine Sonne, die erbarmungslos vom Himmel brannte. Das hatte bei mir eine Neuralgie, entzündete Augen und das Gefühl völliger Erschöpfung zur Folge, und meinen bereits akklimatisierten Gastgebern erging es ähnlich. Für unsere Fahrt nach Longmount hatten wir uns einen Wagen geborgt, aber die beiden Pferde (ein schwächliches Mietpferd und Dr. Hughes starkes, aber faules Zugpferd) ergaben ein schlechtes Gespann. Es wurde eine schreckliche Fahrt. Da wir uns dreimal verirrten und mit dem müden Gespann nur langsam vorankamen, brauchen wir für nur zwanzig Meilen auf ebener Strecke achteinhalb Stunden. Die ganze Zeit über waren wir der sengenden Sonne ausgesetzt. In der Prärie verläßt mich jeglicher Orientierungssinn, und Dr. H. ergeht es nicht viel besser. Ein paarmal folgten wir einer falschen Spur, verfingen uns zwischen Zäunen und plumpsten in den tiefen Schlamm eines Bewässerungsgrabens. Unterwegs rasteten wir am Fluß, der jetzt nur noch aus Schlammlöchern besteht. Unter einer Pappel, die kaum Schatten bot, schlief ich ein; beim Aufwachen dachte ich mit Schrecken an die Weiterfahrt auf dem schwankenden Wagen, an die staubige Prärie, die sengende Sonne und den wütenden Schirokko. Den ganzen Tag hindurch begegnete uns weder Mensch noch Tier.

Dies ist die »Chicago Kolonie«, von der man sagt, sie sei durch Landschwindel zu Reichtum gekommen. Sie sieht genausowenig einladend aus wie Fort Collins. Als erstes kommen staubfarbene Blockhäuser in Sicht, die in bestimmten Abständen in der staubgelben Prärie stehen. Zu jedem Haus gehört ein staubiges Weizen- oder Gerstenfeld, die Ernte verdankt man jedoch nicht dem himmlischen Regen, sondern dem schlammigen Inhalt des Bewässerungsgrabens. Folgt man den vielen Wagenspuren, die sich schließlich alle vereinen, so stößt man auf eine breite Straße, an der rechts und links eine Reihe von blendend weißen Häusern und ein paar Läden zu finden sind.

Im St. Vrain Hotel (so genannt nach dem St. Vrain River, ohne den es die Siedlung gar nicht gäbe) war die Hitze noch unerträglicher als draußen. Alles, unsere Gesichter eingeschlossen, war mit schwarzen Fliegen bedeckt. Da es in meinem Schlafzimmer noch am kühlsten war, saßen wir dort und kämpften gegen die Fliegen, bis uns der herrliche Sonnenuntergang über den Rockies nach draußen lockte. Danach folgte ein Abendessen auf Westernart. Sämtliche Junggesellen von Longmount kamen herein, um schweigend und schnell ihr Essen zu vertilgen. Die erste Tasse Tee nach vierzehn Tagen empfand ich als wahre Wonne. Als ich dem freundlichen Gastwirt von meinen gescheiterten Plänen, nach Estes Park zu kommen, erzählte, meinte er: »Es könnte sein, daß heute abend jemand reinkommt, der morgen dort rauf will.« Danach wollte er wissen, ob ich Kälte ertragen, unter primitiven Bedingungen leben und reiten könne. Kaum hatten wir uns zum Tee hingesetzt, kam er auch schon an unseren Tisch und verkündete: »Diesmal haben Sie Glück. Gerade sind zwei junge Männer angekommen, die morgen nach Estes Park weiterreiten.« Ich habe mir für drei Tage ein Pferd gemietet, mache mir aber wenig Hoffnung, morgen mitreiten zu können. Durch die drückende Hitze fühle ich mich elend, und da ich seit meinem Reitunfall, von dem ich mich immer noch nicht ganz erholt habe, nicht mehr im Sattel saß, ist ein Ritt von über fünfundzwanzig Meilen wahrscheinlich viel zu viel für mich. Außerdem befürchte ich, daß die Unterkunft dort oben genauso primitiv sein wird wie die bei Chalmers. Seit Anbruch der Dunkelheit spazieren wir die Straße auf und ab, um die milde Brise zu genießen.

Estes Park!!!, 28. September

Ich wünschte, ich könnte Dir statt eines Briefes diese drei Ausrufezeichen schicken. Das ist genau der Ort, nach dem ich gesucht habe, obwohl er alle meine Träume noch bei weitem übertrifft. Hier steckt in jedem Atemzug Gesundheit. Schon jetzt geht es mir viel besser, und ich stehe ohne jede Schwierigkeit um sieben Uhr zum Frühstück auf. Auch die gemütliche kleine Holzhütte, die auf sechs Pfosten steht und die ich ganz für mich allein habe, ist genau nach meinem Geschmack. Unter meiner Hütte wohnt ein Stinktier, ganz in der Nähe ist ein kleiner See. Jede Nacht gibt es Frost, und tagsüber ist es kühl genug für ein riesiges Feuer. Der Rancher, Mr. Evans, ist halb Jäger, halb Viehzüchter. Er und seine Frau sind joviale Waliser aus Llanberis. Die ganze Familie, bis zum kleinsten Kind, ist äußerst sangesfreudig, sie lachen fröhlich und laut, sind offenherzig und gastfreundlich und schichten das Brennholz bis halb zum Kamin hinauf. Seit ich hier bin, gab es jeden Tag frisches Fleisch, köstliches, frischgebackenes Brot, ausgezeichnete Kartoffeln, Tee und Kaffee und jede Menge von der Milch, die wie Rahm schmeckt. Ich schlafe in einem sauberen Strohbett, in dem es weder Käfer noch Flöhe gibt. Direkt vor der Haustür liegt die herrlichste Landschaft, die ich je gesehen habe. Dabei hatten mir alle geraten, nach Colorado Springs zu gehen, nur ein einziger hat Estes Park empfohlen.

Sich nach einem zehnstündigen harten Ritt zum Schreiben hinzusetzen ist nicht ganz einfach, und vielleicht wird dieser Brief durch die gesunde Müdigkeit, die ich verspüre, nicht ganz so enthusiastisch, wie er eigentlich sein sollte. In Longmount hatte mich die drückende Hitze die ganze Nacht über wachgehalten. Am nächsten Morgen fühlte ich mich nervös und elend und war bereit, meinen Plan aufzugeben. Als aber dann die Sonne über der Prärie aufging und die Rocky Mountains in prachtvollem Rot erstrahlten, gab mir das neuen Schwung. Der Gastwirt hatte für mich ein Pferd besorgt, konnte mir aber nicht zusichern, daß es ein ruhiges Tier sei. Der Schrecken von meinem Sturz im Canyon saß mir immer noch in den Knochen, und ich wünschte mir nur, der *Greeley Tribune* hätte meine Reitkünste nicht so hoch gelobt, daß mir dieser Ruf bis hierher vorausgeeilt war. Die beiden jungen Männer, die mich begleiten sollten, bezeichnete der Wirt als »harmlos«, was er damit meinte, ist mir immer noch nicht ganz klar. Als um 8.30 Uhr das Pferd vorgeführt wurde, sah ich zu meiner Bestürzung eine hochgezüchtete, wunderschöne Kreatur mit gewölbtem Nacken, bebenden Nüstern, rastlosen Ohren und Augen. Mein Tornister war bereits hinter den mexikanischen Sattel geschnallt, meine Reisetasche hing am Sattelhorn. Es schien, als seien mindestens zwei Männer nötig, um dieses Vollblut zu beschwichtigen und festzuhalten. So viele Schaulustige standen um das Pferd herum, daß ich mich davor scheute, vor aller Augen in meinem alten Reitkleid hinauszugehen und aufzusteigen. Dr. H. und seine Frau versicherten mir jedoch, daß ich in keiner Weise Aufsehen erregen würde.

Als wir um neun Uhr losritten, fühlte ich mich schon bald bedeutend besser. Das Pferd, so stellte sich schnell heraus, war ein äußerst munteres Tier, dem der Ausflug in die Berge viel Spaß zu machen schien. Es war in jeder Hinsicht wie für mich geschaffen. Sobald man ihm die Zügel leicht in den Nacken preßte, fiel es in einen anmutigen Trab, und als ich abstieg, folgte es mir lammfromm, ohne am Zügel geführt zu werden. Es ließ mich sogar von beiden Seiten in den Sattel steigen. Zwischen Baumstümpfen und Steinen galoppierte es mit katzenähnlicher Trittsicherheit, preschte steile Abhänge hinunter und überquerte ohne zu stolpern reißende Flüsse und steinige Flußbetten. Mit ihm hätte ich spielend einen fünfmal so langen Ritt geschafft. Wir kennen uns zwar erst seit zwei Tagen, sind aber schon gute Freunde. Für eine längere Bergtour würde ich gar keine weitere Gesellschaft benötigen. Es gehört zu jenen Pferden, die nur durch die menschliche Stimme dressiert worden sind und daher weder Kandare noch Peitsche oder Sporen kennen. Da das erfreulicherweise auf die meisten Pferde hier im Westen zutrifft, haben sie sich auch ihre natürliche Intelligenz bewahrt, die sie (wenn es sich nicht gerade um Broncos handelt) zum Vorteil ihres Reiters nutzen, für den sie eher ein Freund als eine gut funktionierende Maschine sind.

Durch die Bewegung fühlte ich mich bald nicht nur viel besser, sondern auch erfrischt. Die Sonne stand jetzt hinter uns, und von den herrlichen Bergen vor uns fegten immer wieder kühle Windstöße herab. Wir galoppierten über die Prärie, bis wir den wunderschönen St. Vrain Canyon erreichten. An seiner Mündung findet man ein enges Tal, fruchtbar und bewaldet, durch das ein klarer, reißender Fluß hindurchbraust, dessen unzählige Windungen wir mehrmals überqueren mußten. Obwohl die »harmlosen« jungen Männer diesen Weg nicht zum erstenmal machten, verirrten wir uns immer wieder. Sich in diesem Gewirr von Schlängelpfaden zurechtzufinden war gar nicht so leicht, aber irgendwie stießen wir jedesmal gerade noch rechtzeitig auf Siedler, die uns wieder auf den richtigen Weg brachten. Nach der verbrannten, braunen Prärie empfand ich alles, was ich sah – die hellgrünen Pappeln, die roten Blütenzweige der Jungfernrebe, die goldenen Blätter der Espen, die leise im Wind zitterten, und das zitronenfarbene Blattwerk des wilden Weins, das sich über den Boden rankte – als wunderschön, die Vielfalt unendlich. Wenn der Pfad dann und wann den schattigen Laubgang des farbenprächtigen Dickichts verließ und dem Fluß folgte, waren wir eingeklemmt zwischen dem schmalen Ufer und den hohen Klippen und Terrassen. Sie bestanden aus unglaublich kühnen Felsformationen in so vielfältigen Farbschattierungen, wie kein Künstler sie sich ausdenken würde. Der großartige Long's Peak, der sich bisher leuchtend über das Grün erhoben hatte, verschwand für die nächsten zwanzig Meilen völlig aus unserer Sicht. Wir kamen jetzt in ein sanft ansteigendes Tal, in dem die großartigen Farbtöne der Felsen durch die düsteren Pechkiefern noch verstärkt wurden. Als wir dann den Pfad nach Nordwesten einschlugen, kamen wir in eine Region, in der keinerlei Spuren menschlicher Arbeit mehr zu sehen waren.

Ich führte mein Pferd über wundervolle Anstiege, bei denen sich ein phantastischer Ausblick nach dem anderen auftat; die Luft wurde mit jeder Meile dünner und reiner, das Gefühl der Einsamkeit immer ausgeprägter. Zwischen Felsen und Fichten hindurch stiegen wir auf eine Höhe von 9000 Fuß. Der kaum begehbare Pfad brachte uns an eine 2000 Fuß hohe, beinahe senkrechte Felswand, durch die ein enger, tief eingeschnittener Steig weiter aufwärts führte. Als ich mich umdrehte, erblickte ich eine Landschaft, so fremdartig, wie ich sie noch nie gesehen hatte. Eine gewaltige Felswand, durchbrochen nur von dem tiefen Einschnitt, durch den wir gekommen waren, ragte messerscharf in den blauen

Himmel. Nur Titanen konnten solche gewaltigen Massen von hellroten, quaderförmigen Felsblöcken aufeinandergetürmt haben. In den Spalten zwischen den Blöcken wuchsen Pechkiefern, obwohl man nirgends auch nur ein winziges Fleckchen Erde sehen konnte. Dahinter reihte sich Felswand an Felswand und Bergkette an Bergkette. Lange Zeit ritten wir über gewaltige Bergkämme und durch tiefe, dunkle Schluchten, die so eng waren, daß wir unseren Weg durch die Bachbetten an ihrem Grund fortsetzen mußten. Vorbei ging es am Fuß kolossaler, mit Kiefern bewachsener Felspyramiden, hinauf zu den lieblichen Bergwiesen, in denen scharlachrote Flecken aus giftigen Lacksumachsträuchern prangten. Diese »Parks« genannten Bergwiesen sind von der Natur so wunderschön arrangiert, daß ich glaubte, ich müsse jeden Moment auf ein stattliches Herrenhaus stoßen – aber an diesem Nachmittag gehörten sie allein den Erdhörnchen und den blauen Hähern. In den frühen Morgenstunden kommen jedoch Rehe, Dickhornschafe und die stattlichen Hirsche zum Äsen hier herunter, während in der Dunkelheit der Puma, der Grizzlybär und die feigen Wölfe auf Pirsch gehen. Gegen Abend wurde der stellenweise kaum noch begehbare Pfad immer ausgeprägter und führte uns zu einer langgezogenen Schlucht.

Auf einer Bergwiese sahen wir eine hübsche Araberstute, die zum Weiden angepflockt war; ein Collie bellte uns an, und nicht weit vom Pfad entfernt stand mitten im Gestrüpp eine grob behauene, schwarze Blockhütte. Aus dem Dach und dem Fenster quoll Rauch. Ohne mich darum zu kümmern, daß es das Heim oder, besser gesagt, die Höhle eines berüchtigten »Desperados« war, ritt ich darauf zu. Es verlangte mich danach, mit jemandem zu reden, der die Berge liebte, denn von meinen Begleitern war einer schon seit Stunden verschwunden, der andere ein typischer Stadtmensch. Ich nannte die Blockhütte eine *Höhle* – nun, sie sah genau wie die Höhle eines wilden Tieres aus. Der große Hund, der vor der Tür lag, nahm eine bedrohliche Haltung ein und knurrte; das Schlammdach war mit Luchs-, Biber- und anderen Fellen bedeckt, die dort zum Trocknen lagen; an den Außenwänden waren Biberpfoten festgebunden; hinter der Hütte hing ein Teil eines Rehkadavers; direkt vor der Tür lag ein gehäuteter Biber auf einem Haufen getrockneter Häute; um die Höhle herum waren Geweihe, alte Hufeisen und Fleischabfälle verstreut. Durch das Knurren seines Hundes aufmerksam geworden, kam der Besitzer heraus, ein breitschultriger, stämmiger Mann mittlerer Größe, mit einer alten Mütze auf dem Kopf und einem grauen, fadenscheinigen Jagdanzug, der im wahrsten Sinne des Wortes auseinanderzufallen drohte; um die Hüfte hatte er ein Goldgräbertuch geschlungen, in seinem Gürtel steckte ein Messer, aus der Brusttasche seines Mantels sah ein »Busenfreund«, ein Revolver, hervor; an den außerordentlich kleinen Füßen trug er nur halbzerfallene Mokassins aus Pferdehaut. Daß seine Kleider überhaupt zusammenhielten, war schon ein Wunder, vermutlich hatte das Tuch um seine Hüften etwas damit zu tun. Sein bemerkenswertes Gesicht war bis auf einen dichten Oberlippen- und Kinnbart glattrasiert. Schätzungsweise war er fünfundvierzig Jahre alt und mußte früher außerordentlich gut ausgesehen haben. Seine großen tiefliegenden Augen waren graublau, die Augenbrauen deutlich gezeichnet, die Adlernase vornehm, der Mund schön geschwungen. Unter seiner Jägermütze schauten ungepflegte dunkelblonde Locken heraus und fielen ihm bis auf die Schultern. Ein Auge fehlte ihm völlig, was die eine Seite seines Gesichts abstoßend machte, während die andere wie aus Marmor gehauen wirkte. »Desperado« stand ihm deutlich ins Gesicht geschrieben, und ich bereute schon fast, seine Bekanntschaft gesucht zu haben. Sein erster Impuls war es, den Hund zu verfluchen, aber als er sah, daß eine Dame vor der Türe stand, begnügte er sich damit, ihm einen Tritt zu geben. Er kam auf mich zu und nahm seine Mütze ab, wobei eine großartig geformte Stirn zum Vorschein kam. In höflichem Ton fragte er, ob er irgend etwas für mich tun könne. Ich bat um etwas Wasser, und er brachte es mir in einer zerbeulten Konservenbüchse, wobei er sich höflich dafür entschuldigte, mir nichts Besseres bieten zu können. Wir begannen eine Unterhaltung, und sowie er redete, vergaß ich seinen Ruf und sein Aussehen vollkommen. Seine Manieren, seine Ausdrucksweise und seine Stimme waren die eines kultivierten Gentleman. Ich fragte ihn etwas über die Biberpfoten, die dort zum Trocknen lagen – einen Moment später hingen sie an meinem Sattelhorn. Sein Auge, erzählte er mir, habe er erst kürzlich bei einer Begegnung mit einem Grizzly eingebüßt. Dieser hatte ihm nach einer tödlichen Umarmung den ganzen Körper aufgerissen, einen Arm gebrochen, das Auge ausgekratzt und ihn danach liegen lassen, weil er glaubte, er sei tot. Als wir uns verabschiedeten, meinte er höflich: »An Ihrer Stimme erkenne ich, daß Sie eine Landsmännin von mir sind. Ich hoffe, daß Sie mir gestatten werden, Sie einmal zu besuchen.« Dieser Mann, den man in den Territorien und darüber hinaus als »Rocky Mountain Jim« oder etwas kürzer, als »Mountain Jim« kennt, ist einer der berühmten Scouts und das Vorbild für viele der verwegenen Burschen, die sich in den Wildwestromanen mit den Indianern herumschlagen. Für einen Mann wie ihn, so hat man mir erzählt, gibt es heutzutage eigentlich gar keinen Platz mehr, denn die Zeit der Faustkämpfe und der blutigen Auseinandersetzungen gehört in Colorado der Vergangenheit an. Außer seinen vielen waghalsigen Unternehmungen gegen die Indianer hat er auch ein paar kriminelle Taten begangen, und so etwas vergibt man hier nicht so leicht. Obwohl er jetzt einen »squatters claim« besitzt, verdient er sich seinen Lebensunterhalt als Trapper und ist ganz und gar ein Kind der Berge. Trotz seiner unbestritten genialen Art und seiner Ritterlichkeit den Frauen gegenüber ist er ein recht verzweifelter Mensch. Wenn er ab und zu einen seiner »häßlichen Anfälle« bekommt, halten es die meisten für klüger, einen weiten Bogen um ihn zu machen. Viele würden sich sicherer fühlen, wenn er sich nicht ausgerechnet am einzig möglichen Zugang zu Estes Park niedergelassen hätte, denn mit einer Pistole in der Hand kann er sehr gefährlich werden. Mein Gastgeber beurteilt das so: »Nüchtern ist Jim der perfekte Gentleman, sobald er jedoch etwas getrunken hat, wird er zum schlimmsten Rowdy von ganz Colorado.«

Von einem Berggrat aus erblickten wir endlich Estes Park. Dort lag es im Schein der untergehenden Sonne: ein unregelmäßiges Becken, beschützt von Bergwänden in phantastischer Form und Größe, über die sich der Long's Peak in seiner unnahbaren Pracht erhob. Das Wasser des schnell dahinfließenden Thompson wirkte blutrot, Long's Peak stand in Flammen – nichts, was ich bisher gesehen hatte, kam diesem Ausblick gleich. Das Bergfieber überkam mich. Ein aufmunterndes Wort an mein nimmermüdes Pferd, und schon preschte es im vollen Galopp über das weiche Gras. Ich fühlte mich hungrig, und die Luft war eiskalt. Gerade als ich mich fragte, wie es in dieser verzauberten Gegend wohl um Unterkunft und Verpflegung bestellt wäre, stießen wir plötzlich auf einen kleinen See, an dessen Ufer ein hübsches Blockhaus stand. Ganz in der Nähe sah ich ein paar kleinere Hütten, zwei Corrals, einen länglichen Schuppen, vor dem ein frischgeschlachteter Ochse hing, und einen Kuhstall mit Wasserrad. Zwei Reiter waren gerade dabei, die Kühe zum Melken nach Hause zu treiben. Ein kleiner, freundlich aussehender Mann kam auf mich zugerannt und schüttelte mir, zu meiner Überraschung, freudig die Hand. Später erzählte er mir, daß er mich im Dämmerlicht für »Mountain Jim, als Frau verkleidet«, gehalten habe! Sofort erkannte ich den Landsmann in ihm, und er stellte sich als Griffith Evans aus Llanberis vor. Als er die Tür zu seinem Blockhaus öffnete, blickte ich in einen großen Raum mit unverputzten Wänden, dafür aber mit Holzboden und verglasten Fenstern. In einem einfachen Kamin brannten Baumstämme, die halb so groß waren wie ich. Die Einrichtung bestand aus einem runden Tisch, zwei Schaukelstühlen und einer Couch; die unbehauenen Holzwände waren passend mit Häuten, indianischen Bogen und Pfeilen, Wampum-Gürteln und Geweihen geschmückt, und in den Ecken hingen Gewehre. Auf dem Boden lagen sieben Männer und rauchten, auf der Couch lag ein Kranker, und am Tisch saß eine Dame mittleren Alters und schrieb. Ich fragte Evans, ob er mich nicht irgendwo unterbringen könne; ich erwartete nicht mehr als ein Strohlager. Zu meiner Freude bot er mir jedoch an, in einer der kleinen Blockhütten am See ganz für mich allein zu wohnen. Damit habe ich also in dieser grandiosen Bergwelt, in der »blauen Mulde am Fuße des Long's Peak«, auf einer Höhe von 7500 Fuß, wo die Gräser jeden Morgen mit Rauhreif überzogen sind, weit mehr gefunden, als ich jemals zu hoffen wagte.

BRIEF VII

ESTES PARK, COLORADO, OKTOBER 1873

Da ich meinen Bericht über den Aufstieg zum Gipfel des Long's Peak nicht unterwegs schreiben konnte, würde ich ihn am liebsten überhaupt nicht schreiben, weil es mir völlig unmöglich ist, einem anderen die glorreiche Erhabenheit und majestätische Einsamkeit, die Ehrfurcht gebietende Größe und die Faszination der Szenerie nahezubringen, in der ich Montag, Dienstag und Mittwoch verbrachte.

Long's Peak, 14700 Fuß hoch, blockiert das eine Ende von Estes Park und läßt alle Berge ringsum wie Zwerge erscheinen. Aus dem Schmelzwasser, das auf dieser Seite in die Täler fließt, entstehen der St. Vrain, der Big Thompson und der Little Thompson. Ob im Sonnenlicht oder beim Mondenschein, sein geborstener grauer Gipfel zieht das Auge stets magisch an, auch wenn im Vordergrund Hirsche, Dickhornschafe, Skunks oder Grizzlys zu sehen sind.

Vor fünf Jahren ist »das Amerikanische Matterhorn« zum ersten Mal bestiegen worden. Ich hätte gern einen Versuch gewagt, aber Evans riet mir stets davon ab. Es war zu spät in der Saison, die Stürme waren vermutlich schon zu stark etc. etc. Kurz bevor er jedoch letzten Montag nach Denver aufbrach, meinte er, das Wetter scheine sich etwas beruhigt zu haben, ein Aufstieg lohne sich auf jeden Fall, selbst wenn ich nur bis zur Baumgrenze käme. Als »Mountain Jim« etwas später vorbeischaute und sich als Führer anbot, nahmen wir, die beiden jungen Männer, die mich hierher begleitet hatten, und ich, seinen Vorschlag freudig an. Mrs. Edwards machte sich sofort daran, genügend Brot für drei Tage zu backen, und von dem Stier, der so bequem vor der Tür hing, wurden große Steaks abgeschnitten. Außerdem gab man uns noch einen schönen Vorrat an Tee, Zucker und Butter mit. Allzu luxuriös konnte unser Picknick allerdings nicht ausfallen, da wir aus Kostengründen kein Packmuli mitnehmen wollten. So begnügten wir uns mit dem, was die Reitpferde tragen konnten. Der dicke Packen hinter meinem Sattel, der aus einer Steppdecke und drei Campingdecken bestand, reichte bis zu meinen Schultern. Am Sattelhorn hing ein Paar von Evans Jagdstiefeln, die er mir geliehen hatte, weil meine eigenen Stiefel so abgetragen waren, daß meine Füße selbst bei einem kleinen Spaziergang durch Estes Park schmerzten. Auch die Pferde der beiden jungen Männer waren voll beladen, denn wir mußten uns auf einige Kältegrade gefaßt machen. »Jim« sah ziemlich schockierend aus: In seinen alten Schaftstiefeln steckte eine alte, verbeulte Wildlederhose, die ein alter Schal zusammenhielt; über einem Lederhemd trug er drei oder vier zerlumpte Westen, an denen sämtliche Knöpfe fehlten, und unter seinem eingedellten Schlapphut schaute die dunkelblonde, ungepflegte Lockenpracht heraus. Mit seinem einen Auge, einem einzigen großen Sporn, einem Messer im Gürtel und einer Pistole in der Westentasche sah er wirklich wie der schlimmste aller Desperados aus. Sein Sattel war mit einem alten Biberfell überzogen, von dem die Pfoten herunterbaumelten, dahinter hatte er ein paar Campingdecken geklemmt; vor ihm lag ein Gewehr; an seinem Sattelhorn hingen eine Axt und eine Feldflasche. Als Kontrast dazu ritt er eine kleine Araberstute, ein wunderschönes Tier, unruhig und temperamentvoll, für das er jedoch viel zu schwer war und das er ständig dazu reizte, sein Temperament zur Schau zu stellen.

Obgleich alle Pferde schwer beladen waren, startete »Jim« mit einem Handgalopp. Nach einer halben Meile warf er sein Pferd jedoch auf die Hinterhand und kam an meine Seite. Sein manierliches Benehmen ließ mich bald schon sein Aussehen vergessen, und obwohl wir des öfteren einen Fluß überqueren, einen steilen Auf- oder Abstieg bewältigen oder hintereinander reiten mußten, begannen wir eine Unterhaltung, die länger als drei Stunden dauerte. Der Ritt brachte eine Überraschung nach der anderen: Berg- und Sumpfwiesen, Seen und Flüsse; vor allem aber Berge über

Berge, mit dem gespaltenen Gipfel des Long's Peak als Höhepunkt. Von Estes Park aus führte uns der Pfad zuerst einen bewaldeten Steilhang hinauf und danach in ein kleines, von hohen Bergen umschlossenes Tal hinab. In seiner tiefsten Mulde lag ein mit Lilien bewachsener See, der folgerichtig »The Lake of the Lilies« hieß. Ganz still lag er da, und während sich *dort* die dunklen Fichten regungslos im matten Gold spiegelten, ruhten *hier* die großen weißen Blütenkelche und das dunkelgrüne Blattwerk der Lilien auf seinem amethystfarbenen Wasser!

Danach stiegen wir in die Düsternis der großen Fichtenwälder hinauf, die man bis zu einer Höhe von 11 000 Fuß an den Bergflanken findet. Der Pfad war so steil, daß ich mich völlig darauf konzentrieren mußte, nicht von den überhängenden Ästen vom Pferd gezogen zu werden, und so eng, daß man kaum noch den abgestorbenen, spitzen Zweigen ausweichen konnte, die ein paar der Decken meiner Begleiter aufschlitzten. Die Pferde rangen nach Luft und mußten alle paar Meter rasten, obwohl meine Begleiter inzwischen zu Fuß gingen. In dem dichten, uralten, unheimlichen Wald, in dem abgestorbene Bäume einfach so lange stehenbleiben, bis der nächste Sturm sie umwirft, hörte man außer dem leisen Knarren der Äste im Wind, dem Knacken von abgestorbenem Holz und dem sanften Rauschen der Gipfel kaum einen Laut. Je höher wir kamen, um so kleiner und seltener wurden die Fichten. Die letzten Nachzügler sahen ziemlich mitgenommen und trotzig aus. Als wir die Baumgrenze bereits überschritten hatten, fanden wir dennoch etwas höher auf einer Bergwiese eine kleine Gruppe winziger Silbertannen.* Hier errichteten wir unser Lager. Jetzt mußten wir zunächst einmal absatteln, die Pferde sicher anpflocken, unsere Schlafplätze herrichten und Feuerholz beschaffen; dadurch wurde uns bald wieder warm. »Jim« machte aus halben Baumstämmen ein riesiges Feuer,

* Dieses Wäldchen gibt es auch heute noch. Es heißt »Jim's Grove«.

und schon nach kurzem saßen wir alle darum herum und verzehrten unser Abendbrot. Unseren Tee tranken wir aus den verbeulten Konservenbüchsen, in denen er gekocht worden war, und das Fleisch, das penetrant nach Rauch roch, mußten wir ohne Besteck und ohne Teller essen, aber das machte uns überhaupt nichts aus.

»Wenn man Jim wie einen Gentleman behandelt, benimmt er sich auch wie einer«, hatte man mir erzählt. Sein Benehmen ist zwar etwas freier und kühner als das des typischen Gentleman, aber ansonsten kann man ihm nichts vorwerfen. Er ist gebildet und gleichzeitig ein Naturmensch. Der Desperado war im Augenblick jedenfalls nicht sichtbar. Mir gegenüber benahm er sich sehr höflich, ja sogar freundlich, und das war ein Glück, denn die beiden jungen Männer erwiesen mir noch nicht einmal die einfachsten Höflichkeiten. In dieser Nacht schloß ich Bekanntschaft mit Jims Hund »Ring«, von dem es heißt, er sei der beste Jagdhund von ganz Colorado. Sein Rumpf und die Beine sind die eines Collies, der Kopf ähnelt jedoch eher einem Mastiff. Seine Augen sind die treuesten, die ich je bei einem Tier gesehen habe, und sein vornehmes Gesicht zeigt einen fast menschlich traurigen Ausdruck. Wenn sein Herr und Meister überhaupt jemanden liebt, dann ist es dieser Hund, obwohl er ihn während seiner rabenschwarzen Launen mißhandelt. Rings Anhänglichkeit bringt das jedoch keine Sekunde ins Wanken, und seine treuen Augen schauen nur selten vom Gesicht seines Meisters weg. Er ist außerordentlich intelligent und nimmt von anderen Menschen nur dann Notiz, wenn »Jim« ihn ausdrücklich dazu auffordert. »Jim« deutete auf mich, während er mit dem Hund wie mit einem menschlichen Wesen sprach: »Ring«, sagte er, »geh zu der Lady dort und paß die ganze Nacht auf sie auf.« Sofort kam Ring zu mir, sah mir ins Gesicht und legte seinen Kopf auf meine Schulter; danach ließ er sich neben mir nieder, legte den Kopf auf meinen Schoß und blickte unverwandt zu »Jim« hinüber.

Die Bäume warfen lange Schatten auf das gefrorene Gras, ein Nordlicht huschte über den Himmel, und der helle Mond wirkte neben den tanzenden Flammen unseres Riesenfeuers reichlich blaß. Die beiden jungen Männer sangen ein paar lateinische Studentenlieder und Negro Spirituals, danach trug »Jim« in einem eigenartigen Falsett eine bekannte Melodie vor, und schließlich stimmten wir alle miteinander »Star-spangled Banner« an. Etwas später gab »Jim« eines seiner eigenen, außerordentlich klugen Gedichte zum besten und erzählte uns ein paar furchtbare Indianergeschichten. Mein Schlafplatz lag etwas vom Feuer entfernt in einer Gruppe von Zwergtannen. Die unteren Äste der Bäume waren derart miteinander verwoben, daß sie eine Art Nest bildeten, das mir Schutz vor dem Wind und ein wenig Privatsphäre bot. Eine über die vielen Baumschößlinge gebreitete Decke und ein umgedrehter Sattel als Kopfkissen ergaben ein prächtiges Bett. Um neun Uhr abends betrug die Temperatur fast zwölf Grad unter dem Gefrierpunkt. »Jim« sah ein letztes Mal nach den Pferden, warf ein paar große Holzblöcke ins Feuer und streckte sich daneben aus. Es war schon ein seltsamer Anblick, den berüchtigten Desperado wie ein unschuldiges Kind schlafen zu sehen. Ring blieb die ganze Nacht über bei mir und wärmte mir den Rücken, obwohl ihn beim Geheul der Wölfe sicherlich das Jagdfieber packte. Einschlafen konnte ich nicht, trotzdem ging die Nacht schnell vorüber. Ich dachte an den weiteren Aufstieg, vor dem mir ein wenig graute, denn die Böen, die in regelmäßigen Abständen durch die Fichten brausten, klangen bedrohlich. Im Herzen der Rocky Mountains, auf 11 000 Fuß Höhe, bei zwölf Grad unter dem Gefrierpunkt, in einem Nest aus Baumzweigen zu übernachten und dem Geheul der Wölfe zuzuhören, war schon recht aufregend.

Der neue Tag dämmerte lange bevor die Sonne aufging. Als meine Begleiter nach den Pferden sahen, kam plötzlich einer der Studenten zurückgerannt: »Jim« ließ mir ausrichten, daß es weiter unten den prachtvollsten Sonnenaufgang zu sehen gäbe, den er je erlebt habe. Mein Blick schweifte von dem eiskalten, grauen Gipfel mit seinen ewigen Schneefeldern, über die versilberten Fichten und die purpurnen Bergschluchten bis zu dem blaugrauen Präriemeer am fernen Horizont. Dort sah man zuerst nur einen hellen Streifen, der jedoch rasch zu einer rotglühenden Kugel anwuchs. Unwillkürlich und ehrfurchtsvoll nahm »Jim« seinen Hut ab und rief: »Ich glaube, daß es einen Gott gibt!«

Um sieben hatten wir unser Frühstück beendet und machten uns in die gespenstische Einsamkeit der Gipfelregion auf. Bis wir zu den sogenannten Lavafeldern kamen, konnte ich noch reiten. Ob diese ausgedehnte Fläche mit den großen und kleinen Felsbrocken, in deren Spalten schon Schnee lag, ihren Namen zu Recht trägt, weiß ich nicht. Es war eiskalt; der Gebirgsbach, den wir überquerten, war fest genug gefroren, um die Pferde zu tragen. »Jim« hatte mir abgeraten, einen warmen Mantel mitzunehmen, und da mein dünnes Reitkleid nur für die Tropen geschaffen war, spürte ich den Eiswind auf meiner Haut. Die dünne Luft erschwerte uns schon bald das Atmen, und ich mußte feststellen, daß Evans' viel zu große Stiefel mir keinerlei Halt gaben. Zum Glück fanden wir, noch bevor der schwierigste Teil des Aufstiegs begann, unter einem Felsen ein paar kleinere Überschuhe, die vermutlich von einer früheren Expedition stammten. Als wir von Fels zu Fels sprangen, wollte »Jim« plötzlich von mir wissen: »Wo haben Sie eigentlich Ihre Derringer versteckt?« Als ich ihm erzählte, daß ich überhaupt keine Waffe bei mir trage, konnte er das kaum glauben und bat mich eindringlich, mir sofort einen Revolver zu besorgen.

Am Felsentor, genannt die »Notch«, angekommen, befanden wir uns auf dem messerscharfen Gipfelgrat des Long's Peak, der nur ein paar Fuß breit und mit kolossalen Felsbrocken in jeder Form und Größe bedeckt ist. Neben uns erhob sich der 500 Fuß hohe Gipfel, eine glatte, unheimliche und unzugängliche Granitwand.

Die weitere Tour werde ich mein Lebtag nicht vergessen. Sechs Stunden lang stand ich Todesängste aus. Wie Du weißt, taugen weder mein Kopf noch meine Fußknöchel zum Bergsteigen, und ich sollte nicht einmal im Traum daran denken. Wenn mir vorher klar gewesen wäre, auf was für eine Kletterei ich mich da einlasse, hätte ich nicht den geringsten Ehrgeiz verspürt, auf den Gipfel zu kommen. Mein Erfolg ist in Wirklichkeit eher demütigend, denn »Jim« schleppte mich wie einen Mehlsack nach oben. Nach der »Notch« begann der eigentliche Aufstieg. Über uns ragte eine riesige Felswand, unter uns lag ein gähnender Abgrund aus aufeinandergeschichteten Felsplatten; hier und da versperrten uns glatte Granitrippen, die den Füßen kaum einen Halt boten, den Weg; ein größeres Hindernis war jedoch der Schnee, der schon einige Male geschmolzen und dann wieder gefroren war; viele Felsbrocken waren lose und stürzten in die Tiefe, sobald man sie auch nur berührte. Die ganze Zeit über hatte ich schreckliche Angst. Ich war mit einem Strick an »Jim« gebunden, aber das half nichts, meine Füße waren wie gelähmt und rutschten auf dem glatten Fels einfach ab. »Jim« meinte, es sei sinnlos zu versuchen, hier weiterzukommen, und so kehrten wir um. Ich wußte, daß ich die anderen nur aufhielt, und wollte daher wieder zur »Notch« zurück. Als einer der jungen Männer dann unmißverständlich sagte, daß eine Frau bei solchen Unternehmungen doch nur ein gefährliches Hindernis sei, antwortete ihm der Trapper kurz angebunden, er habe sich nur der Dame wegen als Führer angeboten. Er ging jetzt ein Stück voraus, um das Gelände zu erkunden, und berichtete uns, weiter vorne sei der Weg durch Eis versperrt. Jetzt folgte ein zweistündiger Abstieg, bei dem wir uns mit Händen und Füßen von Fels zu Fels hangelten. Zwischen den Felsbrocken gab es kleine Eis- und Schneefelder mit Steinen, die gefährlich leicht ins Rollen kamen. Meine Knöchel schmerzten, meine Arme waren halb ausgerenkt, und ich fühlte mich so erschöpft und schwindelig, daß ich noch nicht einmal den halben Weg geschafft hätte, wenn »Jim« mich nicht nolens volens mit Geduld, Geschick und vor allem mit einer unerschütterlichen Entschlossenheit nach oben gezerrt hätte. Nach unserem Abstieg kämpften wir uns für die nächsten zwei Stunden durch eine tiefe Schlucht mit unüberwindlichen Felswänden rechts und links; stellenweise gab es Eis und Schnee, dann wieder Felder mit großen und kleinen Felsbrocken, die ständig nachgaben und daher wenig Sicherheit boten. In diesen zwei Stunden mußte ich mich wohl oder übel ins Unvermeidliche schicken. Ich zitterte, zögerte, rutschte und bat die anderen immer wieder, mich doch zurückzulassen. »Jim« antwortete mir darauf stets, daß es kein bißchen gefährlich sei, daß wir das schlechte Stück bald überwunden hätten und daß ich zum Gipfel käme, selbst wenn er mich tragen müsse!

Rutschend, taumelnd, keuchend, mit fliegendem Puls und pfeifendem Atem erreichten wir das Ende der Schlucht. Dort zwängten wir uns in einen Kamin, den man den »Dog Lift« nennt, zwischen zwei riesigen Felsen hindurch nach oben, wobei ich einem meiner Begleiter auf die Schultern kletterte und von den anderen hochgezogen wurde. Nach einer abrupten Wendung um die Südwestkante des Gipfels erreichten wir den Anfang eines ziemlich langen und engen Felsbandes. An einigen Stellen mußten wir auf allen vieren vorwärtskriechen, um diese schroffe, von überhängenden Felsvorsprüngen blockierte Passage zu meistern. Über uns stand beinahe senkrecht der Gipfel; unter uns fiel der Abhang steil direkt in eine gewaltige Schlucht hinab. Dies gilt als der gefährlichste Teil des Anstiegs; mir kam das nicht so vor, da meine Füße hier sicheren Halt fanden. Auf dem letzten und, wie mir scheint, schlimmsten Stück hätte jedoch ein Fehltritt genügt, um ein lebendes, denkendes menschliches Wesen in eine formlose Masse zu verwandeln! Ring weigerte sich, das Felsband zu überqueren, und blieb mit kläglichem Heulen am »Dog Lift« zurück.

Als wir schließlich die Felsnase am Ende des Bandes umrundet hatten, lag der letzte Teil des Gipfelanstiegs vor uns: eine rötliche, glatte, beinahe senkrechte Granitwand. Schon bei ihrem Anblick wurde mir schwindelig und übel.

Da wir fast jede Minute eine Verschnaufpause einlegen mußten, benötigten wir für die letzten 500 Fuß eine ganze Stunde. Der einzige Halt, den unsere Füße fanden, waren die winzigen Risse und kaum erkennbaren Vorsprünge im Fels. Mit einer Zehe in einem solchen Riß oder Vorsprung, krochen wir dann auf Händen und Knien weiter, während wir gleichzeitig quälenden Durst verspürten und verzweifelt nach Luft schnappten. Als der Gipfel schließlich erobert war, konnte man sehen, daß wir ihn von der einzig zugänglichen Seite her bestiegen hatten.

Lange konnten wir hier oben nicht verweilen, denn einer der jungen Männer bemerkte zu seinem großen Schrecken, daß er Blut spuckte. Die trockene und dünne Luft machte das Atmen sehr schmerzhaft. Auf dem Gipfel gab es zwar Wasser, aber nur in gefrorener Form und steinhart wie Fels. Wir litten alle großen Durst, den das Lutschen an Eis und Schnee nur noch verstärkte. Mund und Zunge fühlten sich so trokken an, daß wir kaum noch ein Wort herausbrachten.

In einer Blechbüchse, die wir in eine Felsspalte legten, hinterließen wir unsere Namen und das Datum unseres Aufstiegs. Beim Gipfelabstieg kletterte »Jim« genau vor mir, damit meine Füße auf seinen mächtigen Schultern Halt fänden. Ich fühlte mich jetzt nicht mehr schwindelig und konnte ohne Schaudern in den Abgrund blicken. Nach dem »Dog Lift« führte der Abstieg durch Eis und Schnee; wir überstanden ihn mit vielen Stürzen und jeder Menge blauer Flecken, ansonsten aber unversehrt. Unten angekommen, trennten sich die jungen Männer von uns. Sie wollten den direkten, aber steilen Weg zur »Notch« einschlagen, während »Jim« mich über eine Route führte, die er für sicherer hielt. Ich stürzte mehrmals und hing einmal mit dem Rock an einem Felsen. Als »Jim« ihn mit seinem Jagdmesser durchschnitt, fiel ich in eine Felsspalte mit weichem Schnee.

Unpassierbare Eisflächen versperrten unseren Weg und zwangen uns, tiefer ins Tal abzusteigen als geplant. Der anschließende Aufstieg war die reinste Tortur; auf dem letzten Stück mußten wir Felsbrocken von gigantischer Größe überwinden und einen fast senkrechten Hang hinaufklettern. »Jim« zerrte mich des öfteren an den Armen oder mit dem Lasso nach oben, und teilweise kam ich nur noch auf allen vieren kriechend voran. Trotz allem standen wir um sechs Uhr abends an der »Notch« und genossen den farbenprächtigen Sonnenuntergang.

Sowie sich die Studenten von uns verabschiedet hatten, gab »Jim« seine brüske Art auf. Er wurde äußerst freundlich und höchst rücksichtsvoll, obwohl ihn mein Mangel an Mut und Kraft reichlich enttäuscht haben muß. Mein größter Wunsch war jetzt ein Schluck Wasser. Die Zunge rasselte in meinem Mund, so daß ich kaum ein Wort herausbrachte. Schließlich gelang es »Jim«, in eine dünne Eisdecke ein Loch zu schlagen, was uns jedoch kaum eine Handvoll Wasser einbrachte. Unter größten Schwierigkeiten und mit viel Unterstützung überquerte ich die »Lavafelder« ein zweites Mal. Danach trug mich »Jim« zu meinem Pferd, setzte mich in den Sattel und legte mich schließlich im Camp, in warme Decken eingewickelt, auf die Erde nieder – ein wahrhaft demütigender Abschluß einer großen Tat. Die Studenten hatten ihre Pferde bereits gesattelt und waren zum Abmarsch bereit. »Jim« sagte ihnen jedoch in aller Ruhe, daß er jetzt erst einmal ausschlafen wolle. Darüber waren sie, glaube ich, im Grunde recht froh, denn einer von ihnen war »fix und fertig«. Ich zog mich in mein Baumnest zurück, wickelte ein paar Decken um mich und war kurz darauf auch schon eingeschlafen. Als ich aufwachte, schaute der Mond durch die silbrigen Äste. Meine Füße waren so eisig, daß ich nicht mehr einschlafen konnte, daher setzte ich mich an das Campfeuer, das in der unbewegten, kalten Luft munter brannte. Rings schöner Kopf lag auf meinem Arm; sein Herr und Meister saß rauchend am Feuer, die attraktive Seite seines Gesichts von den Flammen beleuchtet. Außer unseren Stimmen und einem gelegentlichen Knacken des Feuers war es ringsum totenstill. Nur einmal, als irgendein wildes Tier ums Camp herumschlich, verschwand Ring mit einem Satz von meiner Seite. Die Pferde, die am Fluß festgebunden waren, rissen sich los und kamen in großer Panik auf das Feuer zugerannt. Es dauerte fast eine halbe Stunde, bis wir sie eingefangen hatten und alles wieder ruhig war. »Jim«, oder Mr. Nugent, wie ich ihn stets anrede, erzählte mir von seiner Jugend und dem großen Kummer, der ihn dazu getrieben hatte, sein gesetzloses und verzweifeltes Leben aufzunehmen. Seine Stimme zitterte, und über seine Wangen rollten Tränen. War das nur Schauspielerei, frage ich mich, oder hatten die Stille und die Erinnerung an seine Jugend es tatsächlich fertiggebracht, seine schwarze Seele aufzuwühlen?

Gegen Mittag kamen wir nach Estes Park zurück. Noch niemals war ein Aufstieg zum Long's Peak so erfolgreich verlaufen, und die vollkommene Schönheit und Erhabenheit dieses Berges werden mir unvergeßlich bleiben. Gestern fiel auf dem Gipfel Schnee, für die nächsten acht Monate ist er damit unzugänglich.

BRIEF VIII

ESTES PARK, COLORADO TERRITORY, 2. OKTOBER 1873

Wie die Zeit so schnell vergehen konnte, weiß ich selbst nicht. Dies ist eine grandiose Landschaft, und die Luft ist berauschend. Ich lebe vor allem im Freien, verbringe die meiste Zeit auf dem Rücken eines Pferdes, trage ständig mein altes, fadenscheiniges Reitkleid aus Hawaii, schlafe manchmal unter den Sternen auf einem Bett aus Fichtenzweigen, reite im mexikanischen Sattel und höre wieder einmal das leise Klingen meiner mexikanischen Sporen. »Dort ist ein Fremder! Werft ihm einen Stein nach!« Viele Reisende behaupten, das sei die Einstellung der neuen Siedler in den Territorien. Für mein fröhliches Bergheim trifft das jedoch nicht zu. Hier wird gesungen und gelacht, daß das ganze Haus bebt. Während ich dies schreibe, lodern und knacken die Fichtenstämme im Kamin; von außen dringt durch die Ritzen feiner Pulverschnee herein und bildet winzige Schneewehen auf dem Boden; der heulende Wind fährt wütend durch die ächzenden Fichtenstämme, Blitze spielen um den geborstenen Gipfel des Long's Peak, und die tapferen Jäger freuen sich darüber, daß ich auf dem Weg zu meiner Hütte dem Sturm trotzen muß!

Du wirst Dich fragen: »Was ist denn Estes Park?« Der Name läßt wohl eher auf ein englisches Herrenhaus aus dem 18. Jahrhundert schließen, mit einem Pförtnerhaus am Eingang, einem gepflegten Park, in dem unter den Eichen das Damwild äst, und einem mit Moos und Flechten überwucherten Zaun. Estes Park ist jedoch alles andere als das. Zunächst einmal ist es unvermessenes »Niemandsland« mit herrlichen Bergen, Wäldern, Canyons, Seen und Flüssen; mit unvergleichlichen Sonnenauf- und -untergängen, glühendheißen Nachmittagen, wütenden Schneestürmen und heftigen Nordlichtern. Am frühen Morgen spielen und kämpfen die majestätischen Wapiti-Hirsche unter den Fichten. Manchmal sieht man auch die graziösen, stets zur schnellen Flucht bereiten »Schwarzwedel-Hirsche«, und hin und wieder tauchen zwischen den Felsen die prachtvollen Dickhornschafe auf, deren mächtige Hörner sich gegen den blauen Himmel abheben. Nachts höre ich manchmal das scheußliche Miauen des Berglöwen. Außer dem großen »Grizzly« sieht man hier auch noch den hübsch gezeichneten Skunk, den vorsichtigen Biber, der sich nur in der Dunkelheit heraustraut, um dann mit unermüdlichem Fleiß junge Bäume zu fällen, Dämme zu bauen und Flüsse zu stauen, den gierigen und feigen Wolf, den Kojoten, den Luchs und all die kleineren Tiere wie Nerz, Marder, Wildkatze, Hase, Fuchs und Erdhörnchen sowie alle Vogelarten, vom Adler bis zum Blauhäher. Mögen sie alle miteinander stets in so großer Zahl vertreten sein, trotz der vielen Trapper und Jäger, die diese Tiere teilweise für ihren Lebensunterhalt, teilweise aber auch nur zum Spaß töten!

Die Frage »Was ist Estes Park?« habe ich damit aber immer noch nicht beantwortet. Die auffälligste Eigenart dieser Berge sind die vielen großen und kleinen Hochtäler, die man hier auf einer Höhe von 6000 bis 11 000 Fuß findet. Auf den mit Wildblumen übersäten Bergwiesen stehen hier und da kleine Wäldchen, malerisch verteilt, während es in den klaren Bächen von Regenbogenforellen nur so wimmelt. Unzählige Tiere finden hier ihre Nahrung, und einige Täler scheinen für sämtliche Hirsche der Umgebung ein bevorzugter Platz für den Abwurf ihrer mächtigen Geweihe zu sein. In einem Tälchen nicht weit von hier findet man im Gras ein Wapitigeweih neben dem anderen.

Der tiefste Punkt von Estes Park liegt auf 7500 Fuß Höhe. Obwohl es den ganzen Tag über recht heiß ist, fällt die Temperatur im Sommer nachts bis zum Gefrierpunkt. Jeden Winter gibt es eine Unmenge Schnee. Die starken Stürme wehen jedoch einen guten Teil davon in die tiefen Täler, und da die Sonne auch in den Wintermonaten kräftig scheint, ist Estes Park niemals zugeschneit. Kühe und Pferde kann man draußen überwintern lassen, wo sie die nahrhaften Süßgräser finden, von denen das Grammagras das gehaltvollste ist. In der ganzen Umgebung besteht der Boden aus grobem, grauem Granitstaub, der vermutlich von den Bergen ringsumher abgetragen wurde. Alles Wasser fließt sofort ab, und so ist der Boden nie feucht. Der Schnee taut nicht, er verschwindet auf mysteriöse Weise durch schnelles Verdampfen. Hafer gedeiht hier zwar, wird aber nie ganz reif. Man nimmt ihn daher als Winterfutter für das Vieh. Kartoffeln gibt es in Hülle und Fülle. Wenn sie auch nicht besonders groß werden, so sind sie doch von bester Qualität und durch und durch mehlig. Evans hat bis jetzt noch nicht versucht, etwas anderes anzubauen, denn für saftigere Gemüse würde er vermutlich künstliche Bewässerung brauchen. Auf den Wiesen, die im Juli und August in voller Blüte stehen, sieht man vor allem Löwenzahn, Hahnenfuß, Rittersporn, Glockenblumen, Veilchen, Akelei, Indianerpinsel, verschiedene Rosen, den blauen Enzian und noch mindestens fünfzig weitere Arten, meist in den Farben blau und gelb. Als ich hierherkam, waren die meisten der unzähligen Wildblumen jedoch bereits verwelkt, und der erste Schneesturm gab ihnen den Rest. Der Sommer ist so kurz, daß den Blumen zum Wachsen und Gedeihen nur diese zwei Monate bleiben. Die Blütenkelche, die jeden Morgen streifgefroren sind, neigen sich schon gegen Mittag über den Bach. An Farnen habe ich nach langer Suche nur zwei Arten gefunden: *Cystopteris fragilis* und *Blechnum spicant.* Man sagte mir jedoch, daß auch *Pteris aquilina* hier zu finden sei. Schlangen und Moskitos kennt man in dieser Gegend scheinbar nicht. Wenn man direkt aus den Tropen kommt, ist man von der Einförmigkeit der Blätter etwas enttäuscht. Von Blättern kann man eigentlich kaum reden, da auf dieser Höhe vor allem Nadelbäume aus der Familie der *Coniferae* wachsen. Hier und da sieht man ein paar dürre Espen, mit zitronengelb gefärbten Blättern, während die vielfältigen Rottöne der Wildreben, Bärenkirschen und Rosen die düsteren Flußufer der Schluchten etwas erhellen. Die Fichten sind nicht sonderlich eindrucksvoll, weder von ihrer Höhe noch von ihrem Umfang her. Mit ihren schwarzgrünen Nadeln sehen sie allein oder in kleinen Gruppen recht hübsch aus, wachsen sie aber in Massen wie hier an den Berghängen, vermitteln sie einen recht düsteren Eindruck. Der sowohl von der Form als auch von der Farbe her schönste Nadelbaum ist die Silbertanne (*Abies Englemanii*), die mit der Balsamtanne nahe verwandt ist. Am häufigsten findet man jedoch die *Pinus ponderosa*, aber sie erreicht niemals eine stattliche Größe und ähnelt in keinem Punkt den Redwoods der Sierra Nevada oder den Sequoias in Kalifornien.

Wie ich Dir schon geschrieben habe, ist Estes Park von Longmount, der nächsten Siedlung, 25,5 Meilen entfernt und kann nur über den engen Bergpfad erreicht werden, auf dem ich hergeritten bin. Evans kutschiert dorthin jedoch in seinem Holzkarren, mit einem Vierergespann davor. Kaum zu glauben, daß so etwas möglich ist. In mehreren Schluchten liegen die Wagentrümmer derer, die versucht haben, Evans Tat nachzuahmen. Evans und sein Partner Edwards, der mit seiner Familie etwas höher wohnt, sind die einzigen Siedler hier. Am Eingang zum Park, vier Meilen von hier entfernt, liegt »Mountain Jims« Hütte, der nächste Nachbar wohnt mehr als achtzehn Meilen entfernt. Estes Park ist noch unvermessen, und die Berge dahinter sind beinahe unerforscht. Manchmal kommen Hirschjäger hierher, aber die beiden Siedler, die eigentlich nur einen »squatters claim« besitzen, ermutigen diese Art von Gästen keineswegs. Als Evans zum ersten Mal nach Estes Park kam, marschierte er zu Fuß, und noch lange nachdem er sich hier niedergelassen hatte, schleppte er die Lebensmittel für sich und seine Familie in einem Sack auf dem Rücken über die Berge.

Da ich vorhabe, Estes Park zu meinem Hauptquartier zu machen, bevor der Winter voll einsetzt, muß ich Dich mit meiner näheren Umgebung etwas bekannt machen. Evans Hütte besteht aus großen behauenen Holzstämmen; die

Zwischenräume sollten eigentlich mit Schlamm und Kalk verputzt sein, sie sind es aber nicht; das beinahe flache Dach ist mit Balken aus jungem Fichtenholz, an dem man die Baumrinde gelassen hat, bedeckt; danach folgt eine Schicht Stroh und schließlich ein Schlammverputz. Der Fußboden im »Wohnzimmer« besteht aus groben Brettern, dort steht auch ein einfacher Steinkamin, in dem Tag und Nacht ein Feuer brennt. Die Tür auf der einen Seite führt in ein kleines Schlafzimmer, die Tür auf der anderen Seite in ein kleines Eßzimmer, in dem wir im Schichtwechsel essen; danach kommt eine winzige Küche mit einem riesigen amerikanischen Herd, neben dem noch zwei Bettgestelle stehen. Obwohl alles recht einfach ist, so ist es doch gemütlich, bis auf den ewigen Durchzug. Durch die Ritzen dringt der feine Schnee und verteilt sich auf dem Boden; ich betrachte es jedoch als Unterhaltung und Gymnastik, ihn von Zeit zu Zeit wieder ins Freie zu kehren. Um die Hütte herum liegt kein einziger Abfallhaufen. Meine eigene, reichlich primitiv gebaute Hütte steht ganz in der Nähe. Wenn man die Tür öffnet, kommt man in einen kleinen Raum mit Steinkamin; die Einrichtung des winzigen Schlafzimmerchens daneben besteht aus einem Strohbett, einem Stuhl mit einer Waschschüssel darauf, einem Regal und ein paar Kleiderhaken an der Wand. Keine der Türen hat ein Schloß, aber um die Wahrheit zu sagen, man könnte sie sowieso nicht schließen, weil das Holz sich völlig verzogen hat. Am Bach etwas unterhalb der Hütte stehen der Kuhstall, der Corral und der große Schuppen für den Holzkarren, in dem auch der Lohnarbeiter seine Unterkunft hat und in dem ein paar Boxen für die Pferde und kranke Kälber bereitstehen.

Beide Rancher, Evans und Edwards, kommen aus Wales, sind aber so verschieden wie Tag und Nacht. »Griff«, wie Evans genannt wird, ist reichlich klein geraten, gastfreundlich, unbekümmert, fröhlich, gesellig, jähzornig und gutmütig. Er hat nur einen einzigen Feind, und das ist er selbst. Nachdem er Estes Park gefunden und sich hier niedergelassen hatte, machten ihn immer häufiger Leute ausfindig, die ihn dazu drängten, Unterkunft und Verpflegung anzubieten und eine Hütte nach der anderen zu bauen. Er ist ein ausgezeichneter Schütze, ein erfahrener und erfolgreicher Jäger, ein kühner Bergsteiger, ein guter Reiter, ein großartiger Koch und überhaupt ein »Mordskerl«. Sein ansteckendes, fröhliches Lachen hört man von früh bis spät, und wenn wir abends »D'ye ken John Peel?«, »Auld Lang Syne« oder »John Brown« anstimmen, was wäre da unser Chor ohne Griffs kräftige Stimme? Überhaupt, was wäre Estes Park ohne ihn? Als er kürzlich für ein paar Tage nach Denver fuhr, vermißten wir ihn, wie man den Sonnenschein vermißt, vielleicht sogar noch mehr. Am frühen Morgen weckt er mich stets mit einem fröhlichen Schlag gegen meine Tür und ruft: »Wollen Sie nicht mitkommen und uns beim Viehtreiben helfen? Sie können sich ein Pferd aussuchen.« Leider Gottes hat der »arme« Griff eine so große Liebe zum Alkohol, daß er es wohl niemals zu etwas Wohlstand bringen wird, und seine vielen Schulden machen ihm ständig Ärger. Er besitzt zwar Pferde und Vieh und verdient auch gut an den Gästen, von denen er pro Woche für Unterkunft und Verpflegung acht Dollar verlangt, aber er steckt es in ein »Faß ohne Boden«. Mrs. Evans, die so hart arbeiten muß wie eine Squaw, hat im Vergleich zu ihrem Herrn und Meister wirklich das schlechtere Los gezogen. Sein Partner Edwards ist das genaue Gegenteil von Griff: Er ist groß, spindeldürr, sparsam, fleißig und ernsthaft, betrachtet alles mit einem mißbilligenden Blick, ärgert sich, wenn Griff Dummheiten macht, trinkt keinen Tropfen Alkohol und ist ein rechter Neidhammel. Im Gegensatz zu Griff ist er bei allen unbeliebt; ein »anständiger Mensch«, der zusammen mit seiner fleißigen Frau sein Geld so schnell scheffeln wird, wie Evans es zum Fenster hinauswirft.

Ich kann täglich ausreiten, so lange ich will, vorausgesetzt es gelingt mir, eines der Pferde einzufangen. Beim Frühstück um sieben Uhr gibt es Steaks, Kartoffeln, Tee, Kaffee, frisches Brot und Butter. Zwei Rahm- und zwei Milchkrüge werden dabei ständig neu gefüllt. Das Mittagessen um zwölf ist eine Wiederholung des Frühstücks. Allerdings kommt dann statt des Kaffees ein gigantischer Pudding auf den Tisch. Zum Tee um sechs Uhr abends gibt es dann wieder genau das gleiche wie zum Frühstück. Wir haben alle miteinander einen gesegneten Appetit. Für die Hungrigen stehen jederzeit Milch und Brot in der Küche bereit, und Evans meint, wir sollten ruhig soviel wie möglich essen, das täte uns gut. Der Stier, der am Tag meiner Ankunft geschlachtet wurde, ist inzwischen vom Kopf bis zum Schwanz vertilgt. Das Fleisch wurde dabei willkürlich abgesäbelt, ohne jede Rücksicht auf zusammengehörige Stücke. In dieser dünnen, trockenen Luft wird es an der Außenseite schwarz und hart, bleibt aber auch bei heißem Wetter für zwei bis drei Monate frisch. Das Brot schmeckt großartig, aber mir scheint, die armen Frauen sind den ganzen Tag mit Teigkneten und Bakken beschäftigt.

Mit mir wohnen zur Zeit folgende Leute bei Evans: ein amerikanisches Ehepaar, Mr. und Mrs. Dewy, intelligente, gebildete, hochherzige Leute, deren Gesellschaft ich überall zu schätzen wüßte; ein junger Engländer, genannt der »Earl«, weil er auf einem englischen Sattel reitet und sich auch sonst an einige unserer insulären Eigenheiten klammert; Evans erwachsene Nichte; ein Bergarbeiter, der hier nach Silber sucht; der stets melancholisch dreinblickende Lohnarbeiter und ein junger Mann, der früher ein Geschäft betrieb, das er aber aufgeben mußte, als sich bei ihm erste Anzeichen einer Lungenkrankheit zeigten. Heute verdient er sich seinen Lebensunterhalt als Jäger. Auch »Mountain Jim« schaut täglich bei uns vorbei, nachdem er seine Fallen oben an den Biberdämmen kontrolliert hat. Es ist mir aufgefallen, daß Mr. Evans das nicht sehr recht ist. In Wirklichkeit ist diese blaue Mulde, die so einsam am Fuße des Long's Peak liegt, eine höchst interessante Welt im Kleinen, in der man Liebe, Eifersucht, Haß, Neid, Stolz, Selbstlosigkeit, Gier,

Egoismus und Selbstaufopferung studieren kann. Daß es einmal zum offenen Streit kommen könnte zwischen Evans und dem Desperado (dessen »Ich knall dich ab!« man in dieser Hütte schon des öfteren gehört hat), dieses unerfreuliche Risiko besteht tagtäglich.

Den Hirschjägern und Prospektoren, die zum Campen hier hochkommen, gibt Evans keinerlei Hilfe. Weder verrät er ihnen, wo die besten Wapitis zu finden sind, noch wo es sich zu schürfen lohnt, und so ziehen sie meist nach kurzer Zeit wütend und unverrichteter Dinge wieder ab. Man hat mir erzählt, daß zwei junge Engländer in dieser Gegend wochenlang vergeblich nach Gold suchten. Trotz aller Warnungen gingen sie schließlich nach North Park, wo es Gold in Hülle und Fülle geben soll, und seither sind sie spurlos verschwunden. Man vermutet, daß sie blutdürstigen Indianern in die Hände gefallen sind.

Natürlich bekommen wir hier weder Zeitungen noch Post, es sei denn, jemand reitet nach Longmount. Zwei oder drei Romane und eine siebzehn Tage alte Zeitung sind unsere einzige Lektüre. Unser ganzes Interesse scheint sich auf Estes Park zu beschränken, jedenfalls gewinnt man diesen Eindruck bei den Tischgesprächen. Das großartige Nordlicht letzte Nacht, die Aussicht auf einen Schneesturm, Hirsch- und Grizzlyspuren, das Gerücht, daß sich eine Herde Dickhornschafe in der Nähe des Sees aufhalten soll, Evans texanische Rinderherde, die in irgendeinem Canyon steckt, die Vorzüge der verschiedenen Gewehre, die Fortschritte zweier Liebesaffären, die Möglichkeit, daß heute jemand aus Longmount hier hochkommt und Post mitbringt, die neueste Laune oder Eskapade von »Mountain Jim«, die Vorzüge von »Ring«, verglichen mit Evans Hund »Plunk« – das sind einige der Themen, die für uns niemals uninteressant sind.

Am Sonntag ruht die Arbeit, aber die meisten Männer gehen zum Jagen oder Fischen und kehren erst abends zurück. Ich genieße es, bis zum letzten Nachglühen der Berge allein zu sein, nur mit einer Bibel oder einem Gebetbuch in der

Hand. Für ein »Te Deum« oder ein »Gloria in Excelsis« könnte es keinen würdigeren Ort geben als diesen »Tempel, den keine menschliche Hand erbaut hat«. Hier lenken weder auffallende Hüte noch raffinierte Frisuren oder die unzähligen Auswüchse einer sich ständig wandelnden Mode von der Andacht ab.

Meine erste Nacht werde ich nicht so schnell vergessen. Etwas benommen von der dünnen Luft und leicht verwirrt durch die bunt zusammengewürfelte Gesellschaft in Evans Hütte, deren Gesichter ich durch den Rauch aus elf Pfeifen hindurch nicht immer genau erkennen konnte, ging ich um neun Uhr abends zu meiner einsamen Hütte. Es war schon dunkel, und der Weg kam mir ziemlich lang vor. In der Nähe heulte etwas – Evans, der mich begleitete, meinte, es sei ein Wolf –, und scheinbar unzählige Eulen schrien pausenlos. Der Polarstern, der direkt über meiner Hütte stand, schien so hell wie eine Laterne. Es war eiskalt. Evans öffnete mir die Tür, zündete eine Kerze an und ließ mich dann allein. Kurz darauf lag ich in meinem Strohbett und fürchtete mich davor, in dieser unheimlichen Umgebung Angst zu bekommen. Der Schlaf wurde mit diesen Befürchtungen jedoch bald fertig. Ein heftiges Schnaufen weckte mich. Jemand sägte von unten her die Bretter an, so klang es wenigstens. Irgend etwas wurde mit großem Lärm hin und her, auf und ab geschoben. Die Kerze war inzwischen erloschen, und um die Wahrheit zu gestehen – ich wagte mich nicht zu rühren. Der Krach ging eine ganze Stunde lang weiter. Als ich schließlich damit rechnete, daß jetzt die Bretter für einen Durchbruch dünn genug wären, wurde es plötzlich vollkommen ruhig, und ich schlief wieder ein. Am nächsten Morgen wunderte ich mich, daß mein Haar nicht schlohweiß geworden war!

Am Frühstückstisch erregte meine Geschichte bei Evans größte Heiterkeit, während Edwards Gesicht sich verfinsterte. Sie erzählten mir, daß unter meiner Hütte ein Stinktier seinen Unterschlupf habe. Bisher hatte noch niemand einen Versuch gewagt, das Tier von dort zu vertreiben, da zu befürchten ist, daß die Hütte dabei für alle Zeiten unbewohnbar wird. Sie versuchen zwar schon seit langem, es in eine Falle zu locken, jedoch vergeblich. Nacht für Nacht wiederholt der Skunk seine lärmende Vorstellung unter dem Hüttenboden, wobei er vermutlich seine Krallen an den Brettern schärft, wie das die Grizzlies an den Bäumen tun. Der Gestank, mit dem diese Kreatur einen Angreifer überwältigen kann, ist wirklich *gräßlich*. Als kürzlich ein Skunk nur den Corral überquerte, wurden wir für mehrere Stunden aus Evans Hütte vertrieben. Der furchtloseste Mann wird in seiner Nähe zum Feigling. Hunde, die mit der Flüssigkeit in Berührung kommen, reiben ihre Nasen so lange am Boden, bis sie bluten, manche sterben sogar durch den Brechreiz, den die Ausdünstung verursacht. Den Gestank kann man noch in einer Meile Entfernung riechen. Kleider, die angespritzt wurden, müssen verbrannt werden. Zur Zeit ist der Pelz sehr wertvoll. Seit ich hier bin, sind einige dieser wunderschönen Tiere getötet worden. Sie sind etwa so groß wie ein Fuchs, haben einen dichten schwarzen oder schwarzbraunen Pelz mit langen Haaren, und auf dem Rücken sieht man zwei weiße Streifen, die sich vom Kopf bis zu dem buschigen Schwanz ziehen. Mit einem gezielten Schuß im Rückgrat tötet man das Tier risikolos, und ein erfahrener Jagdhund kann ihm mit einem Überraschungsangriff das Genick durchbeißen. Gestern wurde einer erschossen, als er aus dem Kuhstall rannte. Plunk, Evans großer Hund, kam mit ihm in Berührung und wurde daraufhin verbannt. Obwohl einer der Männer die Leiche heldenhaft mit einer langstieligen Mistgabel zum Fluß getragen hatte, erstickten wir beinahe von dem Gestank, der von der Stelle kam, an der der Skunk niederfiel. Ich hoffe nur, daß sich mein Skunk über nichts aufregen muß, solange wir Nachbarn sind.

Dies ist sicherlich eines der schönsten Fleckchen auf dieser Erde. Wenn ich doch nur zeichnen oder malen könnte! Von meinem Bett aus sehe ich jeden Morgen zum Mirror Lake hinüber. Beim Anbruch der Dämmerung, wenn man noch nichts klar erkennen kann, liegt er rötlich-bleifarben da, bis sich plötzlich in seinem ruhigen, klaren Wasser die Berggipfel spiegeln, zuerst hellorange, dann rot, die alles ringsherum nur noch dunkler erscheinen lassen. Für mich ist dieses Schauspiel jeden Morgen wieder etwas Neues.

Mein Tagesablauf ist folgender: Um sieben Uhr frühstücke ich bei Evans, danach richte ich meine Hütte, hole Wasser vom See, lese ein bißchen, spaziere ein wenig herum und kehre dann zu Evans Blockhütte zurück, die ich abwechselnd mit Mrs. Dewy ausfege; danach liest sie mir bis zum Mittagessen um zwölf Uhr vor. Nach dem Essen reite ich bis sechs Uhr abends aus oder beteilige mich am Viehtrieb. Während wir später alle zusammensitzen und mehrstimmig singen, werden Gewehre geputzt, Kugeln gegossen, Fischköder zubereitet, Angelruten repariert und Stiefel wasserdicht gemacht; ich selbst schreibe meine Briefe an Dich oder flicke meine Kleider, die langsam auseinanderfallen. Wir alle waschen unsere Kleidung selbst, und da mein Bestand im Augenblick so klein ist, stehe ich jeden Tag am Waschtrog. In unserer Gemeinschaft dominieren stets Höflichkeit und Anstand, und obwohl hier die unterschiedlichsten gesellschaftlichen Ränge vertreten sind, herrscht echte demokratische Gleichheit, ohne freundliche Herablassung auf der einen oder Dreistigkeit auf der anderen Seite.

Evans hat vor zehn Tagen seine Familie nach Denver gebracht, wo sie den Winter über bleiben wird. Die ganze Fröhlichkeit hat er mitgenommen. Sein Partner Edwards ist ein finsterer Mensch und taut nur auf, wenn er am Abend auf dem Boden liegend davon erzählt, wie er mit Sherman durch Georgia marschierte. Ich habe Evans einen 100-Dollar-Schein zum Wechseln mitgegeben und ihn gebeten, mir für meine Tour ein Pferd zu kaufen. Seit drei Tagen erwarten wir ihn zurück. Von ihm hängt es ab, wie schnell wir unsere Post erhalten. Ich habe schon seit fünf Wochen keinen Brief mehr von Dir bekommen und kann meine Ungeduld kaum noch zügeln. Jeden Tag reite ich zwei- oder dreimal ein Stück den Longmount-Trail entlang, um nach Evans Ausschau zu halten. Auch die anderen warten aus den verschiedensten Gründen ungeduldig auf seine Rückkehr. Nach Einbruch der Dunkelheit schrecken wir bei jedem Laut hoch, und jedesmal wenn ein Hund bellt, rennen wir alle miteinander nach draußen. »Auf den Wagen warten« ist für uns schon beinahe ein geflügeltes Wort, das kein Mensch mehr hören kann.

9. Oktober

Das Brief- und Zeitungsfieber hat uns alle gepackt, deshalb haben wir endlich jemanden nach Longmount geschickt. Als ich heute abend in Begleitung von »Mountain Jim« den Longmount-Trail entlangritt, sahen wir in der Ferne einen Wagen mit vier Pferden davor und einem Sattelpferd dahinter. Der Kutscher winkte mit seinem Taschentuch: das verabredete Zeichen für den Fall, daß ich Besitzerin eines Pferdes geworden war. Wir galoppierten den Hügel hinunter und verkündeten den anderen so schnell wie möglich die gute Nachricht. Eine Stunde später kam der Wagen an, jedoch nicht Evans, sondern zwei »Camper« von verdächtigem Aussehen saßen darin. Sie haben ihr Zelt ganz in meiner Nähe aufgebaut! Du kannst Dir gar nicht vorstellen, was es bedeutet, hier in den Bergen eingesperrt zu sein und nicht zu wissen, wo Deine Briefe geblieben sind. Etwas später kam auch Mr. Buchan mit Zeitungen, Briefen (für jedermann, außer für mich) und aufregenden Neuigkeiten zurück. Die finanzielle Panik hat sich im Westen ausgebreitet und wird immer schlimmer. In Denver sind alle Banken geschlossen.

Sie weigern sich, ihre eigenen Schecks einzulösen, zahlen keinen einzigen Dollar mehr aus und gaben nicht einmal für mein englisches Gold einen ihrer Dollars her! Weder Buchan noch Evans konnten auch nur einen Cent abheben. Da alle Banken geschlossen haben, ist jedermann arm, so reich er auch sein mag. Außerdem sind die Indianer auf dem »Kriegspfad«, brennen Farmen nieder und töten das Vieh. Unter den Siedlern ist eine regelrechte Panik ausgebrochen, und ganze Wagenladungen mit Flüchtlingen kommen in Colorado Springs an. »Der weiße Mann hat unsere Büffel umgebracht und sie auf der Prärie verrotten lassen. Dafür rächen wir uns«, sagen die Indianer. Evans ist jetzt in Longmount und wird noch heute nacht hier sein.

10. Oktober

»Auf den Wagen warten« – das tun wir immer noch. Letzte Nacht stürmte, schneite und hagelte es. Erst um elf Uhr nachts konnte ich in meine Hütte gehen, und das auch nur mit Hilfe zweier Männer. Als heute gegen Mittag das wilde Schneetreiben aufhörte und die tiefhängenden Wolken verschwanden, waren alle Berge ringsherum in Weiß gehüllt. Durch unermüdliche Beschäftigung versuche ich heute schon den ganzen Tag, meine Sorgen zu verscheuchen, die durch das Gerücht, Evans sei am Platte-River auf der Büffeljagd(!), noch größer geworden sind.

Heute abend erschien Evans völlig unerwartet mit einer riesigen Kiste voll Post. Ich sortierte alles, aber für mich war nichts dabei, und Evans sagte, er fürchte, er habe meine Briefe in Denver vergessen. Ein paar Stunden später fanden sie sich jedoch in einer Lebensmittelkiste.

Mit Evans ist die Fröhlichkeit zurückgekehrt; er hat sogar einen geistesverwandten jungen Mann mitgebracht, der wunderbar singen und Zimmerorgel spielen kann. Sein Repertoire ist beinahe unerschöpflich; aus seinem großartigen Gedächtnis heraus spielt er Sonaten, Trauermärsche, Hymnen, Reels, schottische Tanzweisen und vieles mehr. Ein reichlich verdächtiges Fäßchen wurde aus dem Wagen ins Haus geschmuggelt; ich fürchte, es hilft der Fröhlichkeit noch etwas nach. Niemand kann jedoch Evans Heiterkeit und seinem ansteckenden, herzhaften Lachen widerstehen. Er klopft den Leuten auf den Rücken, brüllt sie an, würde alles für sie tun und macht ständig viel Wind um sich. »Mein Königreich für ein Pferd!« Evans hat mir keines mitgebracht, und als ich ihn darauf ansprach, huschte ein Schatten über sein Gesicht. Schließlich bat er um ein Gespräch unter vier Augen und erzählte mir verlegen, daß er in Denver in Geldschwierigkeiten gekommen sei und deshalb meine hundert Dollar ausgeben mußte. Als Zinszahlung, meinte er, würde er mir für meinen 600-Meilen-Ritt bis zum 25. November ein gutes Pferd, einen Sattel und Zaumzeug zur Verfügung stellen. Ich war etwas bestürzt, aber was konnte ich tun, das Geld war nun mal weg. Ich probierte eines der Pferde aus, flickte meine Kleider, reduzierte mein Gepäck auf zwölf Pfund und war zu einem frühen Start bereit. Noch vor Tagesanbruch wurde ich jedoch von Griffs fröhlicher Stimme geweckt. »Wie steht's, Miss B.«, rief er, »wollen Sie nicht mitkommen, wir treiben heute eine Herde wilder Rinder. Ich könnte noch jemanden gebrauchen. Sie bekommen auch ein gutes Pferd. Auf einen Tag kommt es ja wohl nicht an.« Also haben wir heute den ganzen Tag über Vieh getrieben und dabei den Big Thompson mehr als zwanzigmal durchquert. Evans hat mir sehr geschmeichelt, als er meinte, ich sei »so brauchbar wie ein Mann«. Zumindest, so hoffe ich, bin ich brauchbarer als einer von Evans Leuten, der um die »bösartigen« Kühe grundsätzlich einen großen Bogen macht.

12. OKTOBER

Ich bin immer noch hier, helfe in der Küche, treibe Vieh zusammen und probiere täglich fünf oder sechs von Evans Pferden aus. Bis jetzt habe ich noch keines gefunden, das mir zusagt. Als Pferd Nummer eins, das ich heute zur Probe ausritt, plötzlich mitten im Galopp den Kopf hochwarf, hielt ich das gesamte Zaumzeug in der Hand; Nummer zwei machte Bocksprünge, drei und vier hatten weiche Hufe und brachen unter mir zusammen. Trotzdem hoffe ich, in ein oder zwei Tagen zu meiner Tour aufbrechen zu können, um Estes Park wenigstens mit ein paar der bekannteren Orte in Colorado zu vergleichen.

Wenn Du im Augenblick in Evans Hütte sehen könntest, müßtest Du bestimmt lachen. Neun Männer und drei Frauen sind gerade im Wohnzimmer versammelt, und da es zu wenig Sitzgelegenheiten gibt, liegen die meisten Männer auf dem Boden. Alle rauchen, und der vergnügte junge Frankokanadier, der so wunderschön musizieren kann und für jede Mahlzeit an die fünfzig Forellen fängt, spielt mit der Pfeife im Mund Harmonium. Drei der Männer haben seit sechs Monaten weder eine Frau zu Gesicht bekommen, noch unter einem Dach geschlafen. Sie liegen wie die Hunde auf dem Boden, starren mich mit ausdruckslosem Gesicht an und lächeln weder über die allgemeine Heiterkeit noch über die absurden Melodienwechsel des Harmoniums. Bekleidet sind sie eigentlich nur mit Stiefeln, alles andere ist völlig in Fetzen gerissen. Gerade werden ein paar Negrospirituals gesungen; vorher wurde »Rule Britannia« und unmittelbar danach der »Yankee Doodle« gespielt. Alle außer den Fremden mußten darüber lachen. Das kalte Wetter treibt die wilden Tiere von den Höhen herunter. Als ich letzte Nacht zu meiner Hütte ging, hörte ich Wolfsgeheul und das Miauen des Berglöwen.

BRIEF IX

ESTES PARK, COLORADO, OKTOBER 1873

Als ich heute nachmittag mit einem Buch in meiner Hütte saß, kam der kleine Sam Edwards mit den Worten: »Mountain Jim will Sie sprechen« hereingerannt. Diese Worte erinnerten mich an den endlosen Ärger mit linkischen Hausmädchen und an die Gewohnheit, die aus unseren komplizierten und unnützen gesellschaftlichen Konventionen erwächst, aus jeder Nichtigkeit eine Staatsaffäre zu machen. Was meine Blockhütte zu bieten hat, genügt mir vollauf. Anderswo braucht man jedoch unbedingt ein großes Haus mit vielen Bediensteten und all dem Ärger und den Sorgen, die so etwas mit sich bringt – und das nicht etwa, weil man Gäste empfangen und es gemütlich haben will, sondern um vorzeigen zu können, was man besitzt. Um meine Hütte so sauber zu machen, daß man vom Fußboden essen könnte, benötige ich fünf Minuten, und da es bei mir nichts zu stehlen gibt, ist ein Schloß an der Tür gar nicht nötig. Während mir all das durch den Kopf ging, wartete »Jim«, um mich zu einem Spazierritt einzuladen.

Zusammen mit den Dewys unternahmen wir einen herrlichen Ritt durch das gefärbte Laub. Als die beiden erschöpft waren, stieg ich auf »Jims« wunderschöne Araberstute um und galoppierte mit ihm um die Wette durch die berauschende eiskalte Luft in der Abenddämmerung. Schade, daß Du nicht sehen konntest, wie wir den Hang hinunterpreschten: der schrecklich anzusehende Desperado auf meinem schweren Zugpferd und ich in seinem blanken Holzsattel, von dem Biber-, Nerz- und Marderschwänze baumelten. Ein einziger Sporn zierte meine Stiefel, die nicht einmal bis zum Steigbügel reichten. Die Stute sah so aristokratisch und ich mit meinen alten Lumpen wie ein Bettler aus! Mit seiner forschen Unbekümmertheit beurteilt Mr. Nugent Situationen und Menschen erstaunlich scharfsinnig. Er hat Sinn für

Pathos, Poesie und Humor, empfindet eine starke Liebe zur Natur und ist in manchen Dingen reichlich eitel; er hat ein offensichtliches Bedürfnis zu schauspielern und bedient sich, um seinen Ruf als Desperado zu erhalten, zuzeiten einer drastischen Ausdrucksweise. Seine Literaturkenntnisse sind beachtlich, er hat ein wundervolles Textgedächtnis und weiß über jede Person und zu jedem Thema etwas zu sagen. Frauen gegenüber benimmt er sich höchst ritterlich, darum ist es auch um so amüsanter, wenn er sich plötzlich mit einer charmanten Hänselei im Sattel umdreht. Er besitzt auf Kinder große Anziehungskraft und liebt sie sehr. Sobald er hier auftaucht, rennen sämtliche Evanskinder zu ihm hin, steigen auf seine breiten Schultern, wenn er sich setzt, und spielen mit seinen Locken. Es heißt, wer sich von den Gästen hier einmal mit »Mountain Jim« unterhalten hat, hält danach alle anderen Unterhaltungen für langweilig, eine Meinung, die sich bei näherer Bekanntschaft vermutlich ändern würde. Das Interesse an ihm wird stets wachgehalten, denn fast in jeder Zeitung findet man einen Artikel über ihn oder von ihm. Er sieht aus wie ein Grobian, aber sobald er ein Wort sagt, erscheint er (zumindest einer Dame gegenüber) als gebildeter Gentleman. Seine brillante Unterhaltung zeigt den Geist und die Launenhaftigkeit des Genies. Im großen und ganzen ist sein Anblick jedoch schmerzlich. Sein ausgezeichneter Kopf zeigt deutlich, daß es für ihn weitaus bessere Möglichkeiten gegeben hätte. Er hat sein Leben verpfuscht, trotz eines gewissen Glanzes, der von ihm ausgeht; und man fragt sich wirklich, was die Zukunft wohl bereithält für einen Menschen, der schon so früh das Böse gewählt hat.

Gestern morgen wollten wir eigentlich um halb sieben zum Viehtreiben aufbrechen, aber die Pferde waren ausgerissen. Da sich die brauchbarsten der fünfzig Pferde hier oft selbständig machen, geht mit der Jagd nach ihnen ein ganzer Tag verloren. Heute morgen klopfte Evans jedoch noch vor Tagesanbruch an meine Tür und rief, er könne meine Hilfe gut gebrauchen.

Auf 7500 Fuß Höhe und zwischen zwei reißenden Flüssen fand dann das Viehtreiben statt. An die zweitausend halbwilde Langhornrinder leben hier in den Canyons, in kleinere Herden zerstreut, zusammen mit Grizzlies, Braunbären, Pumas, Hirschen, Bergschafen, Rehen, Wölfen, Luchsen, Wildkatzen, Bibern, Nerzen, Skunks, Erdhörnchen, Adlern, Klapperschlangen und was es sonst noch in dieser einsamen, romantischen Gegend an Zwei- und Vierfüßlern, Säuge- und Kriechtieren gibt. In ihren Gewohnheiten gleichen sie eher wilden als domestizierten Rindern. Im Gänsemarsch, die Bullen vorneweg, gehen sie zur Tränke. Bei Gefahr bietet ihnen das hügelige Gelände einen strategischen Vorteil; während sich die Herde durch die Mulden davonschleicht, halten die Bullen Wache und bilden die Nachhut, als Schutz vor angreifenden Hunden. Die Kühe muß man erst ans Melken gewöhnen, weil sie fast so wild sind wie Büffelkühe. Da sie jedoch vorwiegend trockenes Gras fressen und man tagsüber alle Milch ihren Kälbern überläßt, kann man mit zweihundert Milchkühen noch nicht einmal so viel Butter produzieren, wie bei uns mit fünfzig Devonshirekühen. Die Arbeit des Viehzüchters bringt einiges an »notwendiger« Grausamkeit mit sich, so human er auch immer mit seinen Tieren umgehen mag. Von dem Tag, an dem man ein Kalb in den Pferch treibt und ihm mit glühendheißem Eisen ein Zeichen ins Fleisch brennt, bis zu dem Tag, an dem man es als Mastochse in Chicago schlachtet, wird es vor dem Menschen in »Furcht und Schrecken« leben.

Die Herden dringen oft in die wilden Canyons ein. Im Winter besteht die Gefahr, daß sie dort eingeschneit werden und verhungern, daher muß man sie von Zeit zu Zeit wieder nach Estes Park zurücktreiben. Heute sollten jedoch alle miteinander zur Musterung und zum Kälberbränden zusammengetrieben werden.

Um halb sieben gab es Frühstück, danach ritten wir los. Zu unserer Gruppe gehörten noch ein Jäger von der Snowy

Range und zwei Viehzüchter aus den Plains. Einer von ihnen ritt ein heftig bockendes Pferd, und sein Kamerad meinte, er sei der »beste Reiter von ganz Nord-Americay«. Der Tradition gemäß ritten wir alle auf mexikanischen Sätteln, mit leichtem Zaumzeug, Ledergamaschen und breiten hölzernen Steigbügeln; jeder trug sein Lunchpaket in einem Beutel mit sich, der um das Lassohorn des Sattels geschlungen war. Vier riesige, schlecht dressierte Hunde begleiteten uns. Unser Ritt von beinahe dreißig Meilen, der über viele Stunden dauerte, war der großartigste, den ich je unternommen habe. Wir stiegen nur von unseren Pferden ab, um die Gurte wieder festzuzurren, und verzehrten unser Mittagessen im Sattel. Wir sprangen über Baumstämme, preschten die mit Felsbrocken und Steinen übersäten Hügel hinunter, überquerten tiefe, reißende Flüsse, sahen wunderschöne Seen, hatten ein paar unvergleichliche Ausblicke und schreckten ein Rudel Wapitis mit riesigen Geweihen auf.

Unsere Verfolgung blieb eine Zeitlang erfolglos, bis wir plötzlich im Tal unter uns eine Herde von etwa tausend texanischen Rindern weiden sahen. Die Führer witterten uns, und bald schon setzte sich die ganze Herde in Bewegung während wir noch ein ganzes Stück von ihnen entfernt waren. »Ihnen nach, Jungs«, rief Evans, und wir rasten im Galopp den Hügel hinunter. Ich konnte mein aufgeregtes Pferd nicht mehr halten, es galoppierte hügelauf, hügelab, sprang über Felsen und Baumstümpfe. Das Tempo wurde immer rasanter, und trotzdem feuerte uns Evans noch mit einem »schneller Jungs« an. In halsbrecherischem Tempo, das mich schwindelig und atemlos werden ließ, preschten die Pferde voran. Die kleine, aber wunderschöne braune Stute, auf der ich ritt, überholte alle anderen und hielt schließlich mit dem riesigen Pferd des »größten Reiters in ganz Nord-Americay« Schritt. Es war schon beeindruckend, die mächtigen Bullen, zusammen mit den Kühen, den einjährigen Kälbern und den riesigen Ochsen, wie Rennpferde galoppieren zu sehen. In kürzester Zeit setzten wir uns vor die Herde und verteilten uns als Wächter vor dem Talausgang. Wie eine Riesenwelle kam die Herde auf uns zu. So still, wie das mit unseren aufgeregten Pferden möglich war, standen wir da, und ich fühlte mich wie ein Infanterist, der den Ansturm der Kavallerie erwartet. Als sie dann direkt auf uns zukam, wäre ich beinahe geflohen. Sobald die Rinder jedoch nahe genug herangekommen waren, stießen meine Kameraden ein erschreckendes Gejohle aus, ließen die Hunde los und preschten ihnen hinterher. Mit lautem Gebrüll und donnernden Hufen wich die Welle zurück. Ich ritt zu Evans hin, der mich lachend empfing. Er meinte, er habe völlig vergessen, daß eine Dame mit von der Partie war, bis er mich mit den anderen Treibern über die Bäume springen sah.

Erst zwei Stunden danach begann die Hauptarbeit, für die ich von meinem Vollblut auf ein Pferd steigen mußte, das für diese Tätigkeit abgerichtet war. Dieser Bronco konnte in jedem Gelände galoppieren und Haken schlagen wie ein Hase. Ich hatte eigentlich nicht erwartet, als *Vaquero* arbeiten zu müssen, aber genau das tat ich jetzt. Meine Erfahrungen, die ich in Hawaii gesammelt hatte, kamen mir dabei sehr zugute. Ein Teil der Herde hatte sich in sumpfiges Gelände geflüchtet, und dort hielt uns eine Kuh über eine Stunde lang in Atem. Einen der Jagdhunde schleuderte sie mit ihren Hörnern dreimal durch die Luft. Diese Kuh hatte ein riesiges, einjähriges Kalb bei sich, und Evans erzählte mir, daß sich manche Kühe an ihr erstes Kalb so sehr gebunden fühlen, daß sie das zweite nach der Geburt töten, um dem ersten die ganze Milch zu erhalten. Aus einem Canyon trieb ich ganz allein eine Herde mit über hundert Stück Vieh zum Fluß hinunter. Nur ein schlecht abgerichteter Hund, der mir mehr Ärger machte als die gesamte Herde, half mir dabei. Am schwierigsten war es, die Tiere durch den Fluß zu treiben. Ein paar gingen willig ins Wasser, die anderen machten jedoch kehrt, sobald sie uns witterten, und rannten in alle Richtungen davon. Ein paar griffen den Hund an, während er auf die andere Seite schwamm; andere erreichten das Ufer und schwammen dann wieder zurück. Eine besonders bösartige Kuh griff mein Pferd immer wieder an. Um die ganze Herde zum anderen Ufer zu bringen brauchte ich eineinhalb Stunden und viel Geduld.

Es war jetzt schon spät am Tag, und ein Schneesturm drohte jeden Moment loszubrechen. Damit die Tiere nicht erschrecken, reitet man so ruhig wie möglich neben ihnen her; sobald die Leittiere jedoch die falsche Richtung einschlagen, muß man an die Spitze galoppieren. Aufregend wird es erst, wenn ein Tier aus der Herde ausbricht und wie wild davonrennt. Da heißt es dann nichts wie hinterhergaloppiert, über Stock und Stein, durch Geröll und Wald. Die Bullen waren am leichtesten zu handhaben, aber die Kühe mit Kälbern, größere und kleine, machten die größten Schwierigkeiten. An einem Engpaß geriet ich aus Versehen zwischen eine Kuh und ihr Kalb. Die Kuh griff an und hatte ihre riesigen Hörner schon unter dem Bauch des Pferdes, als dieses vorne hochging und behend zur Seite sprang. So etwas passierte immer wieder. Den größten Ärger machte uns eine Kuh, die ein Kalb bei sich hatte, das beinahe so groß war wie sie selbst. Trotzdem versuchte sie, es vor allen möglichen eingebildeten Gefahren zu schützen. Einer der jungen Hunde, ein reichlich dummer Tolpatsch, machte sich das Vergnügen, die ohnehin schon aufgeregte Mama anzubellen, bis sie schließlich wütend war. Mindestens vierzigmal griff sie an. Mit ihren riesigen Hörnern pflügte sie den Boden, schleuderte die großen Jagdhunde durch die Luft, tötete zwei andere Kälber und wurde schließlich zu einer solchen Gefahr für die gesamte Herde, daß Evans den Revolver zog und sie erschoß. Das Kalb, für das sie in so blindem Zorn gekämpft hatte, beklagte sie mitleiderregend. Auch auf mich war sie ein paarmal zugerast, aber mein wohltrainiertes Pferd war bis zum letzten Augenblick ruhig stehengeblieben und hatte dann zum richtigen Zeitpunkt einen Sprung zur Seite gemacht. Kurz vor Beginn der Dämmerung erreichten wir den Corral, in den wir die Tiere, so wild sie auch waren, mit viel Geduld, ohne Hiebe, ohne Geschrei, ja sogar ohne Peitschenknall hineintrieben. Es war jetzt grausam kalt. Die letzte Meile legten wir in viereinhalb Minuten zurück und erreichten die Hütte, in der ein starker, heißer Tee auf uns wartete, gerade noch vor dem Schneesturm.

18. OKTOBER

Seit drei Tagen sind wir eingeschneit! Gestern arbeitete keiner von uns, wir redeten nur noch vom Sturm. Die Jäger blieben alle im Wohnzimmer, in der Nähe des Feuers, sitzen und gingen nur nach draußen, um Feuerholz zu holen oder um die Tür und die Fenster freizuschaufeln. Noch nie habe ich mich nachts so gefürchtet wir vor zwei Tagen, als ich ganz allein in meiner Blockhütte war. Der Sturm hob das Dach, von dem Schlamm abbröckelte, durch die Ritzen kam zischend der feine Schnee, tote Äste wurden mit schrecklichem Krachen von den Bäumen abgerissen und gingen mitsamt ihrer Schneelast zu Boden, es blitzte und donnerte ohne Unterlaß. Den ganzen Tag und die Nacht hindurch hatte es heftig geschneit, der Neuschnee wurde gegen meine Tür geweht und schloß mich völlig ein. Nach Mitternacht fiel das Thermometer auf Null, kurz danach erhob sich ein Sturm, der zehn Stunden lang andauerte. Der Fensterrahmen ist völlig aufgequollen und schließt offensichtlich hermetisch, mein Bett steht gar nicht weit davon entfernt. Zum Schlafen hatte ich mich in sechs Decken gehüllt und mir ein schweres Bettuch über das Gesicht gezogen. Zwischen zwei und drei Uhr morgens wachte ich jedoch auf, da der Wind an der Hütte rüttelte und das Bettuch an meinen Lippen festgefroren war. Als ich die Hände ausstreckte, stellte ich fest, daß das Bett dicht mit feinem Schnee bedeckt war. Ich stand auf, um die Sache genauer zu untersuchen. Auf dem Boden lag feiner Schnee, der immer noch durch die Ritzen hereinwehte und mein Gesicht wie mit Nadeln stach. Das Wasser im Eimer war zu Eis gefroren. Bis die Sonne aufging, lag ich frierend im Bett; dann kamen ein paar der Männer um nachzusehen, ob ich »noch lebe«, und um mir den Weg freizuschaufeln. Sie brachten auch eine Kanne heißes Wasser mit, das sich in Eis verwandelte, bevor ich es benutzen konnte. Mit den Füßen im Schnee zog ich mich an. Als ich zum Haus hinüberrannte, sah ich, daß sich auf der einen Seite Schneewehen türmten, die höher waren als das Dach. Im Wohnzimmer kam der Schnee durch die Ritzen herein, und Mrs. Dewy schaufelte ihn wieder hinaus. Mr. Dewys Bart war mit Rauhreif überzogen, und das in einem Raum, in dem die ganze Nacht über das Feuer gebrannt hatte. Evans lag krank in seinem Bett, das mit Schnee bedeckt war. Als ich nach dem Frühstück aus meiner Hütte die Schreibsachen holte, landete ich auf dem Rückweg plötzlich in einer Schneewehe. Alles, was ich in der Hand hielt, auch dieser Brief und mein Notizbuch, wurde mir aus den Händen geschleudert. Ein paar Dinge, einschließlich einer wertvollen Fotografie, sind dabei verlorengegangen. Das Notizbuch fanden wir einige Stunden später, unter drei Fuß Schnee begraben.

Nahe am Haus sahen wir Wild- und Bärenspuren, aber bei diesem Sturm kann niemand auf die Jagd gehen, denn der treibende Schnee macht einen blind. In dem etwas überbelegten Wohnzimmer wurde dafür gesungen, Schach und Whist gespielt, und einer der Jäger widmete sich ausschließlich der Aufgabe, meine Tinte vor dem Einfrieren zu bewahren. In dicke Mäntel gehüllt saßen wir da und unterhielten ein Riesenfeuer, wodurch die Holzvorräte langsam knapp wurden. Wir sind hier oben völlig isoliert, denn »Mountain Jim« und Mr. Edwards sind in Denver. Später am Abend ließ der Schneesturm langsam nach.

19. Oktober

Evans bietet mir sechs Dollar pro Woche an, falls ich dableibe und das Kochen übernehme, wenn Mrs. Edwards nach Denver geht! Wenn das Brotbacken nicht wäre, würde ich ja gerne das »Hausmädchen« spielen! Aber so wäre es mir wesentlich lieber, Vieh zu treiben. Doch die Männer sorgen nur ungern für sich selbst. Gestern haben sie ihre Kleidung gewaschen und gebügelt, wobei es zu einigen Meinungsverschiedenheiten kam. Ich denke, daß ich Estes Park morgen wirklich verlassen werde. Die Kälte hat sich etwas gemäßigt, der Himmel ist blauer denn je, der Schnee verdunstet, und heute kam ein Jäger herauf, der meinte, auf dem Pfad liege keine einzige undurchdringliche Schneewehe.

LONGMOUNT, COLORADO, 20. OKTOBER

Gestern sollten wir usprünglich um acht Uhr morgens losreiten, aber die Pferde waren verschwunden. So kamen wir, also der junge Frankokanadier und ich, erst um halb zehn von hier weg. Ich ritt ein braunes, indianisches Pony namens »Birdie«, eine kleine Schönheit, mit Beinen wie aus Eisen, schnell, ausdauernd, sanft und klug. Um für ein paar Wochen einigermaßen unabhängig zu sein, habe ich genügend Gepäck mitgenommen, auch ein schwarzes Seidenkleid ist mit dabei. Wir passierten Schluchten, in denen unter zitronenfarbenen Espen tiefer Schnee lag, der hier niemals der Sonne ausgesetzt wird, erhaschten hier und da einen Blick auf die weit entfernten, schneebedeckten Riesen, die sich in den tiefblauen Himmel erhoben, und überquerten einen tiefen Bergsee auf einem schmalen Biberdamm, da die Holzbrücke zusammengebrochen war. Zum Mittagessen kamen wir an eine Hütte, in der sich zwei Brüder und ein Lohnarbeiter selbst versorgten. Alles war so sauber und so hübsch, daß man wirklich keine Frau vermißte. Als wir die Prärie erreichten, in der es keinerlei markante Punkte gab, begann es gerade zu dämmern, und wir hatten einige Schwierigkeiten, Longmount im Dunkeln zu finden. In diesem Gasthof hier wurde mir jedoch ein freundlicher Empfang bereitet.

Great Platte Canyon, 23. Oktober

Mein Brief von dieser Tour wird, so fürchte ich, sehr langweilig ausfallen. Nach einem ganzen Tag im Sattel habe ich noch mein Pony versorgt, zu Abend gegessen, mich nach verschiedenen Routen erkundigt und mir den ganzen Nachbarschaftsklatsch angehört; jetzt fühle ich mich so schläfrig, daß ich kaum noch schreiben kann. Als ich Longmount am Donnerstagmorgen in aller Frühe verließ, war der Tag trübe, und ein Schneesturm lag in der Luft. Am Abend zuvor war mir ein früherer Colonel der Rebellenarmee* vorgestellt worden, den ich ziemlich abstoßend fand. Wie ärgerlich, daß ausgerechnet er mich am nächsten Tag ein Stück weit als Führer begleiten wollte. Einsamkeit ist mir tausendmal lieber als Gesellschaft, die nicht zu mir paßt. Als ich ihn wieder los war und allein in die Prärie hinausreiten konnte, war ich ausgesprochen froh. Mein Marschbefehl lautete »nach Süden steuern und sich an die ausgetrampelten Pfade halten«. Ich kam mir dabei vor wie ein Ozeandampfer, der ohne Kompaß ausläuft. Die sanft gewellten, braunen Hügel, auf denen man ein Pferd schon über weite Entfernungen sieht, machten einen seltsamen Eindruck auf mich. Um die Mittagszeit verdüsterte sich der Himmel, ein neuer Sturm zog auf. Zuerst wurde es eiskalt, dann glühendheiß; schließlich setzte sich ein kalter Ostwind durch, den man nur schwer ertragen konnte. Trotzdem fühlte ich mich frei, kam flott voran, und mein Pferd erwies sich als guter Kamerad. Gelegentlich kamen grasende Rinder oder Pferde in Sicht, und hin und wieder begegnete mir ein Reiter oder ein Frachtwagen. Des öfteren sah ich jedoch jene Wagen mit weißer Plane, die als »Prärie-Schoner« bekannt sind. Allein oder in ganzen Kolonnen, begleitet von Rindern, Maultieren und Reitern, bahnen sie sich mühsam ihren Weg durch das Präriegras. Der Besitzer eines solchen Wagens lud mich ein, mit seiner Familie das Mittagessen zu teilen. Ich steuerte etwas Tee bei

* Armee der Südstaaten

(sie hatten seit vier Wochen keinen mehr getrunken), und sie kochten einen Maisbrei. Die Familie kam aus Illinois und war seit drei Monaten unterwegs. Ihre Ochsen waren völlig abgemagert und schwach, daher rechneten sie damit, erst nach einem weiteren Monat ihr Ziel zu erreichen. Unterwegs mußten sie ein Kind begraben, hatten mehrere Ochsen verloren und waren reichlich entmutigt. Durch ihre lange Einsamkeit und die Monotonie ihrer Tage hatten sie jegliches Zeitgefühl verloren und kamen mir vor wie Menschen von einem anderen Planeten. Sie wollten, daß ich mich ihnen anschließe, aber ihr Reisetempo war für mich viel zu langsam. Wir verabschiedeten uns daher im besten Einvernehmen, und als ich ihre weiße Plane im einsamen Präriemeer verschwinden sah, fühlte ich mich so traurig wie nach dem Abschied von guten Freunden. Etwas später traf ich auf eine Herde von zweitausend dürren Texasrindern, die von drei wild aussehenden Cowboys begleitet wurde; ihre Frauen, Kinder und Gewehre folgten in zwei Wagen nach. Dann begegneten mir zwei graue Präriewölfe, die wie Schakale aussahen; feige Kreaturen, die mit riesigen Sprüngen vor mir davonliefen.

Wind und Kälte wurden stärker, und während der nächsten elf Meilen ritt ich mit dem Schneesturm um die Wette. Auf jeder Hügelkuppe erwartete ich, daß Denver in Sicht käme, aber es wurde beinahe fünf Uhr nachmittags, bis ich von einer Anhöhe die »Metropole der Territorien« erblickte. Dort unten lag sie, die prahlerische Stadt, ausgebreitet auf der baumlosen, braunen Ebene, auf der nur Wermut und Palmlilie zu gedeihen schienen. Um die Stadt herum schlängelte sich der seichte, zu einem Bächlein geschrumpfte Platte-River durch ein viel zu großes Kiesbett. Ein Sandsturm raste auf die Stadt zu, die in wenigen Minuten unter der dichten braunen Wolke verschwand. Jetzt erreichten mich die ersten Böen des Schneesturms. Um Evans Bretterbude zu finden, mußte ich mich ganz und gar auf Birdies Klugheit verlassen. Bis jetzt war sie nur einmal dort gewesen, trotzdem führte sie mich, über felsigen Grund und durch tiefe Gräben hindurch, auf direktem Weg dorthin. Mrs. Evans und die Kinder kamen freudig herausgerannt, um ihr Pony stürmisch zu begrüßen. Ich selbst wurde freundlich aufgenommen, und obwohl das Haus nur aus einer Küche und zwei winzigen Schlafzimmern besteht, sorgten sie dafür, daß ich mich warm und behaglich fühlte. Sie wollten von mir so viele Neuigkeiten aus Estes Park hören, daß ich mich schließlich fragte, ob ich die ganze Nacht weitererzählen müsse. Am nächsten Morgen frühstückten wir erst nach elf Uhr. An diesem extrem kalten, wolkenlosen Tag, mit mehr als 15 cm Neuschnee vor der Tür, wollte keiner von uns aufstehen und Feuer machen. Eigentlich hatte ich vorgehabt, Birdie in Denver zurückzulassen, aber Ex-Gouverneur Hunt und Mr. Byers von den *Rocky Mountain News* empfahlen mir, die Reise lieber auf dem Pferderücken als mit dem Zug oder der Postkutsche fortzusetzen. Sie meinten, es könne mir dabei gar nichts passieren. Ex-Gouverneur Hunt zeichnete meine weitere Reiseroute auf und gab mir ein paar Empfehlungsschreiben mit.

Denver ist schon lange nicht mehr das Denver eines Hepworth Dixon. Ein Schußwechsel auf der Straße ist hier so selten wie in Liverpool, und wer morgens aus dem Fenster schaut, sieht auch niemanden mehr an der Laterne baumeln. Hier wird überall fleißig gearbeitet, denn aus den Lagerhallen am Ort wird ein riesiger Distrikt beliefert. Man findet gute Läden, ein paar Fabriken und schöne Hotels sowie die üblichen Häßlichkeiten und Raffinessen der Zivilisation. Die Pelzgeschäfte überwiegen, und der Fischer, Jäger, Goldschürfer, Ochsentreiber oder Emigrant kann sich in fünfzig verschiedenen Läden eine komplette Ausrüstung kaufen. Wer aus dem Osten nach Colorado kommt, um in den Bergen die »Camp-Kur«, die jetzt so groß in Mode ist, zu versuchen, beschafft sich zuerst in Denver einen Wagen, einen Kutscher, Pferde, ein Zelt, Bettzeug und einen Ofen. Es gibt hier so viele Asthmatiker, daß man mit bereits geheilten Patienten regelmäßig einen »Asthmatiker-Kongreß« abhält. Sämtliche Hotels und Pensionen sind mit Kranken überfüllt. Die einen können das rauhe Bergleben nicht aushalten, die anderen sind nach einem Sommer in den Bergen auf dem Weg der Besserung und vollenden ihre Kur jetzt im Winter in der Stadt. Die Anzahl der »Saloons« in den Straßen ist schon beeindruckend. Auf Schritt und Tritt begegnet man den typischen Müßiggängern der Frontier*, denen es genauso schwer fällt, sich ein paar Stunden den Zwängen der Zivilisation unterzuordnen, wie es mir Mühe machte, im Damensitz zum Büro des Ex-Gouverneurs zu reiten. Diese Männer kommen nach Denver, um ihr in Monaten hart erarbeitetes Geld für die verrücktesten Zerstreuungen auszugeben, und Gestalten wie »Comanche Bill«, »Buffalo Bill«, »Wild Bill« und »Mountain Jim« gehen hier auf Zechtour und finden den berüchtigten Ruhm, den sie suchen. An dem Tag, an dem ich dort war, sorgten Indianer für ein noch bunteres Straßenbild. Sie gehörten zum Stamm der Ute, deren Gebiet ich auf meiner Route durchqueren mußte. Ex-Gouverneur Hunt stellte mich einem gutaussehenden jungen Häuptling vor, der in seinem mit Perlen bestickten Lederanzug bestens gekleidet wirkte und sich mir gegenüber sehr höflich benahm. In der Menge auf den Straßen begegnete ich den ganzen Tag über nur fünf Frauen, vielleicht wegen des Schnees. Dafür sah ich Männer in jeder Art von Kleidung: Jäger und Trapper in Hirschlederanzügen; Leute aus der Prärie mit Revolvern im Gürtel und in blaue Mäntel (Relikte des Bürgerkriegs) gehüllt; Ochsentreiber in Lederanzügen; Reiter in Pelzmänteln, Mützen und Stiefeln aus ungeschabtem Büffelleder; Broadway Dandies in Glacéhandschuhen; reiche englische Touristen, sauber, anständig und überheblich dreinblickend; Indianer in roten Decken und mit perlenbestickten Hirschlederanzügen.

Die Stadt ermüdete und verwirrte mich, und ich war trotz

* Frontier: der äußerste Vorposten der Zivilisation

Mrs. Evans großer Gastfreundschaft froh, als ich gestern morgen weiterreiten konnte. Der Mann, der Birdie zu mir brachte, meinte, sie sei ein kleiner Teufel. Sie habe auf dem ganzen Weg nur Bocksprünge gemacht und ihn von der Brücke geworfen! Ich sah jedoch gleich, daß er ihr eine Kandare angelegt hatte. Wann immer ihr etwas nicht paßt, fängt sie an zu bocken. Ich ritt im Damensitz aus der Stadt, lange genug, um davon schlimme Schmerzen an der Wirbelsäule zu bekommen. Es war so ein herrlich warmer Indianersommertag, daß der Schnee am Boden gar nicht dazu passen wollte. Ich ritt einige Zeit über die Prärie, bis ich schließlich in das Hügelland am Fuße der Berge kam. Hier fand ich einen Muff, in dem eine Geldbörse mit fünfhundert Dollar steckte. Zu meiner großen Freude konnte ich später beides dem Besitzer zurückgeben.

RANCH, PLUM CREEK, 24. OKTOBER

Da man in Colorado nur an den befahrensten Straßen und in den größeren Siedlungen Hotels und Gasthäuser findet, hat es sich eingebürgert, daß man bei den Siedlern zum üblichen Hotelpreis aufgenommen und verpflegt wird. Eine zufriedenstellende Regelung. Der Besitzer einer großen Ranch, ein abstoßend aussehender Mensch, nahm mich jedoch nur widerwillig auf. Das fand ich allerdings erst später heraus, sonst wäre ich weitergeritten. Seine Frau, eine äußerst freundliche Dame, bot mir das Sofa zum Schlafen an. Das ganze Haus war mit Tapeten und Teppichen ausgestattet und damit das herrschaftlichste, das ich bis jetzt in dieser Gegend gesehen habe. Ich bemerkte bald, daß in diesem Haus irgend etwas nicht stimmte. Daher war ich froh, daß ich früh am nächsten Morgen weiterreiten konnte, obwohl ein Schneesturm unmittelbar bevorstand. Als ich den warmen, gepolsterten Spielzeugwagen der Rio-Grande-Bahn vorbeirauschen sah, wünschte ich mir, dort drin zu sitzen, statt durch die verschneite, düstere Hügellandschaft zu reiten. Ich war nur vier Meilen weit gekommen, als der Sturm mit solcher Macht einsetzte, daß ich mich in ein Haus flüchtete, in dem bereits elf weitere Reisende Zuflucht gesucht hatten. In der Küche kam der Schnee durchs Dach und fiel auf uns herab. Bei Chalmers hatte ich die Kunst, mich »angenehm zu machen«, so perfekt gelernt, daß ich sie während der zwei Stunden, die ich dort verbrachte, mit großem Erfolg praktizierte, indem ich Kartoffeln schälte und Scones buk. Als ich mich verabschiedete, wollten meine Gastgeber keinen Pfennig von mir annehmen, da ich so »gute Gesellschaft« gewesen sei. Sobald der Sturm etwas nachließ, ritt ich weiter. Als wir einen zugefrorenen Fluß überquerten, brach das Eis unter der zu Tode erschrockenen Birdie. Um uns herum herrschte völlige Einsamkeit und Stille, in der eiskalten Luft regte sich kein Hauch. Obwohl ich diesen Ritt nicht sonderlich genoß, gab er mir doch das erfreuliche Gefühl, daß sich meine Gesundheit von Stunde zu Stunde besserte.

Nach Einbruch der Dunkelheit, als ich kaum noch den Weg vor mir sehen konnte, fand ich mich bei dieser romantisch gelegenen Blockhütte ein und war dankbar, daß man mich für die Nacht aufnehmen konnte. Das Vieh suchte Schutz bei der Hütte, und die Schäferhunde durften hereinkommen, ohne daß sie jemand mit einem Tritt wieder ins Freie beförderte. Einige der Männer gingen dick eingehüllt nach draußen und kamen vor Kälte zitternd wieder zurück. Das Butterfaß wurde neben den Ofen gestellt. Später traf noch ein Siedler ein, der auf dem Weg nach Denver war. Sein Wagen war so eingeschneit worden, daß er ihn stehengelassen hatte und mit seinen Pferden hierher gekommen war. Eine alte Frau rauchte Tonpfeife, die sie dann und wann ihren Kindern weiterreichte. Dabei schimpfte sie mit Trompetenstimme über die Engländer und ihre blödsinnig höflichen Manieren. Bei einem so kurzen und arbeitsreichen Leben seien »bitte«, »danke« und ähnliche Floskeln doch völliger »Quatsch«. Währenddessen fiel draußen sanft der Schnee.

BRIEF X

COLORADO SPRINGS, 28. OKTOBER 1873

Seit einer ganzen Woche bin ich mit Birdie unterwegs, sehe die reinsten Wunder und genieße dieses neue und einmalige Abenteuer in vollen Zügen. Wenn man jedoch in dieser dünnen und berauschenden Luft zehn Stunden oder mehr im Sattel gesessen hat, neigt man am Abend eher dazu, ins Bett zu gehen, als einen geistreichen Brief zu schreiben.

Jene Nacht, in der ich Dir den letzten Brief schrieb, war bis jetzt die kälteste. Obwohl ich den Teppich vom Boden nahm und mich damit zudeckte, wurde mir kein bißchen warm. Am nächsten Morgen lag alles unter leichtem Pulverschnee, der wie Diamanten funkelte. Man spürte nicht den geringsten Windhauch und hörte keinen Laut. Ich mußte warten, bis ein Reiter vorbeikam und mir eine Spur bahnte, aber kurz darauf ging's los. Die Spur des Reiters verlor ich bald, konnte mich aber trotzdem durch die unzähligen Vogel- und Eichhörnchenspuren, die alle in eine Richtung gingen, nahe an der Straße halten. Nach einer Stunde mußte ich absteigen und zu Fuß gehen, denn der Schnee ballte sich an Birdies Beinen derart zusammen, daß sie sich auch ohne mein Gewicht kaum noch aufrecht halten konnte. Mein Pikkel war nicht stark genug, den Schnee zu entfernen, daher bat ich bei den Leuten, denen ich vor ein paar Tagen den Muff zurückgebracht hatte, um einen Meißel. Sie hießen mich herzlich willkommen, gaben mir ein Glas Milch und machten starken Kaffee. Sie waren »alte Landsleute«, und ich blieb viel zu lange bei ihnen. Nachdem ich mich verabschiedet hatte, ritt ich noch zwölf Meilen weiter, kam aber sehr schlecht voran und fand nur mit Mühe den Weg. Die Einsamkeit war wirklich beängstigend. Ich begegnete weder Mensch noch Tier und sah keine einzige Spur auf dem Weg. Der Himmel verdüsterte sich mehr und mehr und wirkte immer bedrohlicher. Durch eine dicke Schneewolke hindurch sah ich vor mir die Umrisse der Great Arkansas Divide*, dann begann es in großen Flocken zu schneien. Bis zum Abend weiterzureiten hielt ich für zu riskant. Daher verließ ich die Straße am frühen Nachmittag und ritt in die Berge. Am Eingang zu einer phantastischen Schlucht stieß ich auf ein vornehmes Holzhaus, das einem Millionär gehörte. Für Mr. Perry, den Besitzer, hatte ich ein Empfehlungsschreiben bei mir, das ich ohne zu zögern vorwies, denn bei solch einem Wetter müßte eigentlich jeder Reisende, mit oder ohne Empfehlungsschreiben, um Aufnahme bitten können.

Mr. Perry war nicht da, aber seine Tochter, ein intelligentes, vornehm gekleidetes junges Mädchen, bat mich hereinzukommen. Am geschmackvoll gedeckten Tisch gab es zum Abendessen Wildbret und die verschiedensten Hochgenüsse. Ein flinkes schwarzes Hausmädchen servierte. Sie war eine der fünf schwarzen Bediensteten, die den Perrys vor dem Krieg als Sklaven gehört hatten und dann aus Anhänglichkeit geblieben waren. Obwohl es schneite, unternahm ich mit einem Verwandten der Familie einen Ritt zum Pleasant Park, der bei schönem Wetter leicht zu erreichen ist. Als wir einen Bach überquerten, brachen beide Pferde ziemlich tief ins Eis ein, und kurz darauf blieb Birdie in einem Präriehundloch hängen, das vom Schnee völlig bedeckt war. Als sie sich wieder aufrappeln wollte, fiel sie dreimal auf die Nase. Dabei mußte ich daran denken, daß sich Bischof Wilberforce bei einem viel unbedeutenderen Sturz das Genick gebrochen hatte. Hätte er wie ich in einem mexikanischen Sattel gesessen, wäre das bestimmt nicht passiert. Zum Haus zurückgekehrt, versetzten mich Miss Perrys lebhafte Erzählungen nach Ägypten, Palästina, Kleinasien, in die Türkei, nach Rußland und in andere Länder, die sie vor drei Jahren mit ihrer Familie bereist hatte.

Ein wunderschönes Schlafzimmer, heißes Wasser und an-

* kontinentale Wasserscheide

deren Luxus zur Verfügung zu haben, das war ein seltsames und fast vergessenes Gefühl. Als ich am nächsten Morgen früh losritt, gab mir Miss Perry ein paar dicke Männersocken mit, die ich über meine Stiefel ziehen konnte. Die ersten zwei Meilen mußte ich mir selbst einen Weg durch den glitzernden Neuschnee bahnen. Danach fuhr ein Wagen an mir vorbei, der für die nächsten dreißig Meilen eine deutliche Spur hinterließ, die einzige weit und breit. Am Himmel zeigte sich kein Wölkchen. Bei meinem langen Aufstieg zur Arkansas Divide lagen zu meiner Rechten die von tiefen Canyons zerfurchten Berge und zu meiner Linken die mit farbenprächtigen Felsen, von der Größe eines Schlosses, gekrönten Foot Hills. Alles lag unter einer glitzernden Schneedecke begraben; das Gemurmel der Bäche war vom Eis geknebelt. In der völligen Windstille knackte kein Ast, kein Vogel zwitscherte. Ich begegnete keiner Menschenseele, sah weit und breit keine Hütte und hörte nur das Knirschen des Schnees unter Birdies Hufen. Wir erreichten einen Fluß, über den man ein paar dicke Baumstämme und quer darauf ein paar junge Bäume gelegt hatte. Birdie setzte einen Fuß auf diese Brücke, zog ihn zurück, setzte den anderen darauf und begann, laut und vernehmlich daran zu schnuppern. Überredung war zwecklos; sie schnupperte, schnaubte und ging keinen Schritt weiter. Schließlich drehte sie den Kopf und sah mich mit verschlagenem Blick an. Sich mit diesem schlauen Biest zu streiten, hat überhaupt keinen Sinn, also durchqueren wir den Fluß rechts von der Brücke durch das zerborstene Eis. Daß sie lieber durch das eiskalte Wasser watete, das ihr bis zum Bauch reichte, wunderte mich wirklich, denn ich fühlte die Kälte noch durch meine Stiefel hindurch. Später erfuhr ich dann, daß die Brücke gefährlich war. Birdie ist wirklich die Königin aller Ponies, ein äußerst intelligentes und sanftes Tier, obwohl Wildpferdblut in ihren Adern fließt. Sie hat immer gute Laune, ist stets hungrig, wird niemals müde und hat Beine wie Eisen. Ihr einziger Trick besteht darin, sich mächtig aufzublasen, damit ich den Sattelgurt nicht festzurren kann. Ein leichter Klaps auf ihre Flanke genügt jedoch, um sie vom Atemanhalten abzubringen. Sie ist mir eine gute Kameradin. Nach jedem Tagesritt wasche ich ihr als erstes den Rücken und die Nüstern und sorge dafür, daß sie ihr Fressen bekommt.

Schließlich erreichte ich eine Hütte, in der man uns beiden etwas zu essen gab. Der Rest des Tages war ziemlich schlimm. Der Schnee wurde immer tiefer, je höher wir kamen, und als wir die Bergspitze erreichten, versank die Sonne gerade hinter einem verschneiten Gipfel. Ein zugefrorener See lag still und einsam vor mir, aus den Fichten ertönten Eulenschreie, der Pfad war kaum mehr sichtbar, meine Füße hatten jegliches Gefühl verloren, und einer war an den hölzernen Steigbügel gefroren. Wegen des tiefen Schnees war ich in achteinhalb Stunden nur fünfzehn Meilen weit geritten und mußte mich jetzt nach einem Platz zum Schlafen umsehen. Birdie rutschte bei jedem Schritt, und ich war vor Kälte wie gelähmt. Die erste Hütte, die ich erreichte, war jedoch schon von siebzehn Männern belegt, die alle auf dem Fußboden übernachten mußten. Man gab mir daher den Rat, noch ein Stück weiterzureiten. Nach einer halben Meile kam ich an das Haus eines Deutschen aus Eisenau, der dort mit seiner netten jungen Frau und seiner ehrwürdigen Schwiegermutter wohnte. Obwohl sie ziemlich arm waren, hatten sie ihr Haus hübsch eingerichtet, und ihre einfache, liebenswerte deutsche Art machte es gemütlich. Mein Zimmer erreichte ich nur über eine Leiter, aber ich hatte es ganz für mich allein, und es bot den Luxus eines Waschbeckens. Unter der freundlichen Fürsorge der beiden Frauen erwachten meine Füße wieder zu neuem Leben, jedoch unter Schmerzen, die beinahe die Bezeichnung Tortur verdient hätten.

Am nächsten Morgen war alles grau in grau, aber als ich losritt, wurde es zunehmend heller und wärmer. Nach den ersten zwölf Meilen kam ich an ein großes Haus, in dem es für mich Milch und Brot und für Birdie etwas Futter gab.

Die acht Gäste, die dort wohnten, machten alle den Eindruck, als stünde einer dem Grab näher als der andere. Man riet mir, die Straße zu verlassen und durch den Monument Park zu reiten, ich verirrte mich jedoch und geriet zum Schluß in einen wilden Canyon, in dem kein Weg mehr weiterführte. Also kehrte ich wieder um und versuchte es mit einem anderen Pfad durch Glen Eyrie, die wildeste und romantischste Bergschlucht, die man sich vorstellen kann. Später stieß ich dann auf eine Ansammlung reichlich verfallener Häuser mit dem anmaßenden Namen Colorado City. Zwei Meilen weiter sah ich, von einem Hügel der Foot Hills aus, auf die düsteren, weit verstreut liegenden Häuser von Colorado Springs. Ich stieg ab, zog einen langen Rock an und ritt im Damensitz weiter. Obwohl diese Siedlung auf den kahlen Plains den Eindruck erweckt, als sei sie gerade erst gegründet worden, ist sie bereits im Wachsen begriffen und hat ein paar große, gut besetzte Hotels. Von hier aus bieten sich gute Ausblicke auf die Berge, besonders auf den Pike's Peak, die berühmten Quellen befinden sich jedoch drei Meilen entfernt in Manitou. Weit und breit sieht man keinen einzigen Baum, daher gibt es meiner Meinung nach keinen häßlicheren Ort als Colorado Springs.

Ich besuchte die Familie X., die zusammen mit zwei Präriehunden, einem jungen Kätzchen und einem Jagdhund einen winzigen Raum bewohnt, der gleichzeitig als Empfangszimmer, Schlafzimmer und Küche dient. Es war so richtig gemütlich. Mrs. X. bereitete mir ein ausgezeichnetes Steak zu und ihr Mann kochte den Tee. Die beiden kommen gut zurecht. Mrs. X. begleitete mich zu der Pension, in der ich übernachtete, und dort saßen wir noch eine Weile im Empfangsraum zusammen und plauderten mit der Zimmerwirtin. Mir gegenüber stand die Tür zu einem Schlafzimmer weit offen. Auf dem Bett bemerkte ich einen todkrank aussehenden jungen Mann. Ein weiterer junger Mann, der dem anderen sehr ähnlich sah, lehnte sich mit einer Haltung, die äußerste Mutlosigkeit ausdrückte, gegen den Kaminsims.

Die Tür wurde halb geschlossen, und kurz darauf kam jemand heraus und rief: »Schnell eine Kerze, Shields!« Danach hörte man es im Zimmer rumoren. Die sieben oder acht Leute, die mit mir im Raum saßen, hörten keine Sekunde auf zu reden, zu lachen oder Backgammon zu spielen, und niemand lachte lauter als die Wirtin, die von ihrem Platz aus die mysteriöse Tür genausogut sah wie ich. Die ganze Zeit über hatte ich die beiden großen weißen Füße, die am Ende des Bettes hervorragten, beobachtet und inständig gehofft, daß sie sich bewegen würden. Sie taten es aber nicht und wurden in meiner Phantasie immer steifer und weißer. Nach einer Weile kam ein Mann mit einem Bündel Kleider heraus und nach ihm der andere junge Mann, der stöhnte und schluchzte, weil er seinen einzigen Bruder verloren hatte. Die Wirtin lachte und schwatzte jedoch weiter. »Wenn einer meiner Gäste stirbt«, erklärte sie mir später, »bringt das immer das ganze Haus durcheinander. Heute werden wir wieder die halbe Nacht aufsein und ihn herrichten.« Die bittere Kälte und das Schluchzen und Stöhnen des Bruders raubten mir jeden Schlaf. Am nächsten Morgen lief die Wirtin in einem modischen Trauerkleid geschäftig im Haus herum und war stolz auf den schönen Sarg, der gleich eintreffen würde. Als ich in den Empfangsraum ging, um mir eine Nadel zu besorgen, stand *jene* Tür weit offen. Kinder rannten rein und raus, und die Wirtin, die gerade beim Auskehren war, rief mir fröhlich zu, ich solle doch hereinkommen. Als ich eintrat, sah ich zu meinem Entsetzen, daß dort, auf einigen Stühlen, die man noch nicht einmal gerade gerückt hatte, der Leichnam lag. Durch das nicht verdunkelte Fenster schien die Sonne herein und brannte ihm voll aufs Gesicht, das noch nicht einmal mit einem Tuch bedeckt war. Am Nachmittag wurde er begraben. Der Bruder, dessen Schluchzen und Stöhnen kein Ende nahm, machte den Eindruck, als ob auch sein Ende nicht mehr allzu fern sei.

Bei der Familie X. erzählte man mir, daß viele Menschen mit Tuberkulose im Endstadium hierherkommen, da sie glauben, das Klima in Colorado könne sie heilen. Die meisten haben noch nicht einmal das Geld, um für die primitivste Unterkunft zu zahlen.

Für meine nächste Tour rüstete ich mich mit wasserdichten Überschuhen und warmen Handschuhen aus. Birdie bekam ihren wohlverdienten Sabbat, obwohl es Dienstag war, denn ich hatte gar nicht bemerkt, daß wir die Arkansas Divide an einem Sonntag überschritten hatten. Im Augenblick brauche ich für uns beide nur zehn Shilling pro Tag, und unser Fünftageausflug von Denver bis hierher hat weniger gekostet als eine Fahrkarte. Dabei führe ich ein großartiges Leben, das nur meiner Gesundheit und der Freude dient. Mein ganzes Gepäck ist in einem Segeltuchsack verstaut, und mit meinem Pony kann ich überall hinreiten, wo es für uns beide etwas zu essen und ein Dach über dem Kopf gibt.

GREAT GORGE OF THE MANITOU, 29. OKTOBER

Dies ist ein malerischer Ort mit zwei oder drei riesigen Hotels, einigen wenigen Häusern und mehreren sprudelnden Quellen, deren Vorzüge schon die Indianer gut kannten. Im Sommer drängen sich hier Tausende von Leuten, die das Quellwasser trinken, die Camp-Kur versuchen oder Ausflüge in die Berge machen, aber um diese Jahreszeit ist alles ruhig. Morgen will ich versuchen, über den Ute Paß in die höheren Regionen vorzustoßen, aber möglicherweise wird der ganze Plan wegen eines fehlenden Hufnagels ins Wasser fallen. Eines von Birdies Hufeisen ist lose, und bis zum nächsten Hufschmied muß ich zehn Meilen den Paß hinauf. Alles amüsiert sich über Birdie. Sie folgt mir stets auf den Fersen, heute sogar bis in ein Haus, in dem sie die Tür zum Empfangszimmer aufstieß. Den Kopf auf meine Schulter gelegt, läuft sie mir nach, leckt mir das Gesicht und bettelt um ein Stück Zucker. Wenn ein Fremder sie am Zügel hält, geht sie manchmal vorne hoch und schlägt aus; in ihren Augen sieht man dann die heimtückische Broncoseele. Ihr Gesicht ist klug und hübsch, und wenn ich zu ihr hingehe, begrüßt sie mich mit einem seltsam schmeichelnden Wiehern. Die Stallknechte machen überall viel Theater um sie. Noch kein einziges Mal habe ich bei ihr die Reitpeitsche gebraucht, sie galoppiert jeden Hügel hinauf und hinunter und stolpert nicht einmal im schwierigsten Gelände.

Nach dem Mittagessen verließ ich Colorado Springs, zusammen mit den X. Sie fuhren in einem kleinen Ponywagen los, ich ritt auf Birdie. Wir überquerten die Mesa, einen hohen Hügel, der oben flach ist wie ein Tafelberg, kamen durch das höhlenreiche Glen Eyrie mit seinen phantastischen Felsnadeln aus farbigem Gestein und sahen uns General Palmers herrschaftliches Haus an. In der Eingangshalle hingen die Köpfe von Büffeln, Wapitis und Rehböcken, die Felle von wilden Tieren, ausgestopfte Vögel, zahllose Waffen, viele von Indianern, und alle Arten von Trophäen. Durch ein Tor aus riesigen roten Felsen ging es weiter in ein Tal, das man den »Garten der Götter« nennt. Wenn ich jedoch ein Gott wäre, wollte ich hier nicht wohnen. In dieser Gegend sind einige Orte durch ihre grotesken Namen weithin bekannt geworden. In der Schlucht, durch die der Fountain River braust, verabschiedete ich mich mit Bedauern von meinen Freunden und ritt alleine weiter. Als ich hier ankam, brachte ich Birdie in einem Stall unter; ich selbst konnte nur in diesem riesigen Hotel eine Unterkunft finden, und koste nun ein letztes Mal den Geschmack von Luxus. Im Sommer zahlt man hier sechs Dollar pro Tag, im Augenblick verlangen sie jedoch nur den halben Preis. Während der Hauptsaison wohnen um die vierhundert vornehme Gäste im Hotel, jetzt sind es nur noch fünfzehn, von denen die meisten schwach und abgehackt reden und sich die Seele aushusten. Seit ich in Colorado bin, habe ich insgesamt erst viermal auf etwas Besserem als Stroh oder Heu geschlafen. Ich bin recht froh, daß es in dieser Gegend so wenige Gasthäuser gibt, denn dadurch bekomme ich einen guten Einblick in die Häuser und die Lebensgewohnheiten der Siedler.

Gestern früh um zehn Uhr verließ ich den großen Manitou. Birdie lief frei im Stall herum und kam mir sofort auf dem Mittelgang entgegengetrottet, um ihr Stück Zucker und ihre Biskuits in Empfang zu nehmen. Da sich nirgends ein Hufnagel auftreiben ließ, mußte ich stundenlang im Schritttempo reiten, und mir dabei das unheilvolle Klicken eines losen Eisens anhören. Den ganzen Tag über sah ich keine einzige Wolke am strahlend blauen Himmel, und obwohl es im Schatten eiskalt war, herrschte in der Sonne sommerliche Hitze. Bei meinem Aufstieg zum Ute Paß verdüsterten sich jedoch die schneebedeckten und mit Fichten bestandenen Berge. Der Paß ist eng und bietet kaum ausreichend Platz für den reißenden Fluß und die Straße, die man aus den Steilhängen herausgesprengt hat. Der Fountain River blieb die ganze Zeit über in Sicht. Er ergießt sich über den rosenroten Granit und wirkt damit heller als andere Flüsse. Er zwängt sich durch die harten Felsen, fließt unter Bögen von Alabastereis hindurch, donnert mit hohlem Klang in die kalten und dunklen Höhlen hinein, stürzt sich schäumend und zischend von hohen Felsen herab und braust lärmend durch die Felstore. Bedingt durch die südlichere Lage, sieht man hier außer Fichten noch die Bäume anderer Klimazonen: Zwergeichen, Weiden, Haselnußsträucher und Douglastannen; verschiedene Wermutarten versuchen Wurzeln zu schlagen und sich gegenseitig zu verdrängen; majestätische Redwoods vom Pazifik treffen auf die exquisiten Balsamfichten vom Atlantik, und überall dazwischen leuchten die blaßgelben Blätter der Espen.

Das Donnern des Fountain River, den ich achtmal überqueren mußte, war beinahe ohrenbetäubend. Wo die Sonne den Pfad beschien, wurde es ziemlich heiß; doch dann kam man wieder in eine der schattigen Schluchten, in denen hoher Schnee lag und dichter Fichtenbewuchs für düsteres Zwielicht sorgte. Endlich öffnete sich der Paß und gab den

Blick auf eine sonnenbeschienene Bergwiese frei. Dort fand ich eine Schmiede, in der Birdies Hufeisen wieder angenagelt wurde. Mit ein paar Hufnägeln in der Tasche ritt ich fröhlich weiter bis zu einer Ranch, wo wir beide etwas zu essen bekamen. Die freundlichen Besitzer stellten mir tausend Fragen, wie alle Leute hier im Westen, falls sie nicht gerade zur schweigsamen Sorte gehören. Dort traf ich auch einen Colonel Kittridge, der behauptete, das Tal, in dem er wohne, sei das schönste in ganz Colorado. Er lud mich ein, ihn zu besuchen. Ich verließ den Hauptpfad und ritt durch den Tiefschnee einen langen Anstieg hinauf. Da es mir jedoch schien, als hätte ich den richtigen Weg verpaßt, band ich das Pony an und marschierte zu einer Hütte, die ich in einiger Entfernung liegen sah. Kaum dort angekommen, bemerkte ich, daß Birdie wie ein Hund neben mir hertrottete, an meinem Ärmel zupfte und ihre sanfte graue Nase auf meine Schulter legte. Tut sie das alles nur für ein Zuckerchen, fragte ich mich? Wir mußten noch acht Meilen weiterreiten – das größte Stück durch den Wald. Wenn ich allein bin, fühle ich mich dabei immer ein wenig unbehaglich, da ich befürchte, irgend etwas könnte plötzlich hinter den Bäumen hervorspringen. Ich sah einen Fuchs mit einem wunderschönen weißen Pelz, mehrere Skunks, ein paar Erdhörnchen, graue Eichhörnchen, Eulen, Krähen und Blauhäher. Als die Sonne so langsam unterging, erreichte ich Bergens Park.

Die Hütte, in der ich hier wohne, gehört einem Mr. Thornton. Sie ist länglich gebaut, mit Schlammdach und niedriger Decke. Innen ist es fast dunkel, und von der Decke hängt überall rohes Fleisch und Geflügel, dazu Arbeitsgerät. Am einen Ende befinden sich, fast in völliger Dunkelheit, der Kochherd, die Milchkannen, das gesamte Geschirr, ein langer Tisch aus rohen Kiefernbrettern, zwei Bänke und ein paar Hocker aus Holz; das andere Ende bewohnt Mr. Thorntons Manager oder Partner mit seiner Frau und drei Kindern. Dort stehen ein zweiter Kochherd, alle möglichen Gerätschaften und Säcke mit Bohnen und Mehl. Als Trennwand für mich haben sie ein Bettlaken an die Decke gehängt und mir auf dem Kiesboden ein Strohbett gerichtet. Zehn Lohnarbeiter nehmen mit uns die Mahlzeiten ein. Hier ist alles dunkel, ungemütlich und gewöhnlich, aber Mr. Thornton, der nicht nur als Gentleman geboren wurde, sondern auch noch einen M.A. der Universität Cambridge besitzt, scheint es so zu mögen. Sieben riesige Hunde – drei davon mit mehreren Katzen auf dem Rücken – liegen ständig vor dem Feuer und wärmen sich.

TWIN ROCK, SOUTH FORK OF THE PLATTE, 1. NOVEMBER

Gestern verließ ich Bergens Park erst gegen zehn Uhr, da draußen alles vereist und rutschig war. Nach einem Ritt von vier Meilen war ich so erschöpft, daß ich in einer Ranch zwei Stunden lang rasten mußte. Dort hörte ich zu meiner Bestürzung, daß die nächste Schlafstelle noch vierundzwanzig Meilen entfernt sei. Der ganze gestrige Ritt machte mir überhaupt keinen Spaß. Ich fühlte mich müde, mein Rheuma quälte mich, und auch Birdie war nicht so munter wie gewöhnlich. Als wir uns nach der Rast wieder auf den Weg machten, kamen wir nach Hayden's Divide, eine häßliche und erschreckend einsame Gegend, von der ich noch nie gehört hatte. Elf Meilen weit ging es über eine riesige Ebene durch tiefen Schnee. Auf dem ganzen Weg sah ich nur einmal ein vor kurzem verendetes Maultier neben dem Pfad liegen. Als ich gegen Abend durch einen wilden Fichtenwald ritt, wurde ich reichlich nervös, weil ich glaubte, ich sei vom Weg abgekommen. Vor einem Monat waren in dieser Gegend dreißig Menschen verschollen. Bei Anbruch der Nacht stieß ich jedoch auf eine Blockhütte, in der ein einziger Raum zwei Erwachsenen und zwei Kindern als Küche, Wohn- und Schlafzimmer diente, und dennoch war alles mustergültig sauber, hell und gemütlich. Meine freundliche Gastgeberin bot mir ihren Schaukelstuhl an und duldete nicht, daß ich ihr in irgendeiner Weise bei der Arbeit half. Zum Abendessen gab es eingemachte Himbeeren, Brötchen, Butter, Tee, Wildbret und Kaninchenbraten, und um sieben Uhr zog ich mich in das kleine, mit Teppichen ausgelegte Gästezimmer zurück. Mein Bett, in dem ich elf Stunden lang schlief, war mit Matratze, Federbett, Bettüchern, Rüschenkopfkissen und einem Stapel warmer, weißer Decken ausgerüstet!

HALL'S GULCH, 6. NOVEMBER

Seit ich Dir das letzte Mal schrieb, bin ich einhundertfünfzig Meilen weit geritten. Als ich Twin Rock am Samstag verließ, kam ich nach einem kurzen Tagesritt zu Colonel Kittridges Hütte am Oil Creek, wo ich mit netten Leuten einen ruhigen Sonntag verbrachte. Der Ritt ging die ganze Zeit über durch Täler und Schluchten und an bewaldeten Hügeln vorbei. Pike's Peak blieb dabei stets in Sicht. Im Aufspüren des richtigen Wegs bin ich inzwischen geübt. Sonst könnte ich wohl auch nicht viel anfangen mit Anweisungen wie dieser: »Halten Sie sich vier oder fünf Meilen am Rande der Schlucht, bis Sie Pike's Peak zu Ihrer Linken sehen, danach folgen Sie den Wagenspuren, bis Sie an einen Wald kommen, reiten in nördlicher Richtung weiter, bis Sie einen Bach erreichen, an dem Sie viele Hirschspuren sehen werden; wenn Sie sich jetzt nach rechts wenden und dreimal den Fluß überqueren, dann sehen Sie zu Ihrer Linken einen roten Felsen usw. usw.« Die kleine Hütte der Kittridges lag ziemlich einsam, und das Leben schien für seine gebildete Frau sehr mühselig zu sein. Nach meiner Ankunft schneite es ein wenig, aber am ersten Sonntag im November war es so hell und warm wie im Juni, und die Luft war wieder völlig rein und klar. Vom Oil Creek aus sieht man die drei Zacken des Pike's Peak; an ihnen können die Kittridges ablesen, wie spät es ist.

Als ich von der gastfreundlichen Hütte wegritt, mußte ich

noch einmal kurz absteigen, um ein Gatter zu öffnen. Das hatte ich zuvor schon oft getan, aber als ich mich jetzt umdrehte, war Birdie verschwunden! Eine Stunde lang versuchte ich, sie einzufangen, aber sie hatte eine ihrer »bösen Launen« und ließ mich nicht an sie herankommen. Als ich so langsam wütend und müde wurde, erschienen zwei Trapper, die Birdie mit ihren Maultieren umkreisten und einfingen. Unterwegs begegnete ich einem freundlichen Ochsentreiber, der in die gleiche Richtung wollte und mein Gepäck mitnahm.

Auf meinem Weiterritt ließ ich den Pike's Peak mit seinen großen Schneemassen hinter mir. Die Straße machte plötzlich einen Knick nach links und überquerte den breiten, schnell dahineilenden Oberlauf des Platte. Dort befand sich die Ranch, die man mir empfohlen hatte. Sie war das Quartier eines bekannten Jägers namens Link und sah einem guten Landgasthof ähnlich. Kurz nach meiner Ankunft trat eine deutsche Bekannte aus Manitou mit drei Herren hier ein, und wir setzten uns alle zusammen und plauderten. Danach wurde uns ein großartiges Essen serviert, bei dem ich allerdings einige Unfreundlichkeiten zu hören bekam. Während uns Mrs. Link ihr gutes Essen aufdrängte, hielt sie einen langen Vortrag über die Freßgier der Engländer. Dabei fragte sie mich ständig, ob ich nicht Ähnliches beobachtet hätte. Da man mich meist für eine Dänin oder Schwedin hält, bekomme ich jede Menge freimütiger Kritik zu hören. Am Abend entspann sich zwischen Mr. Link, einem alten Jäger, einem Goldsucher und dem Ochsentreiber, der mein Gepäck mitgenommen hatte, ein vehementer Streit, welcher Route ich die nächsten drei oder vier Tage folgen sollte. Am nächsten Morgen ging die Diskussion dann mit gesteigerter Intensität weiter, so daß ich vermutlich entsetzt gewesen wäre, wenn ich nicht so gute Nerven hätte. Zum Schluß einigten sie sich wenigstens teilweise auf eine Route, die der alte Jäger als »die schlimmste Straße in ganz Colorado« bezeichnete. Dort sollen zwar zwei Fuß Schnee liegen, aber ein

Jäger hat auf diesem Pfad einen Hirsch entlanggeschleift, wenigstens ein Stück weit. Wie das ganze Unternehmen ausging, werde ich Dir im nächsten Brief erzählen.

BRIEF XI

HALL'S GULCH, 6. NOVEMBER 1873

Ein weiterer wolkenloser Morgen, einer der vielen hier, an denen man schon früh erfrischt und tatendurstig erwacht und sich auf die Strapazen eines langen Tages freut. In unserem sonnenarmen, nebligen Klima kannst Du Dir gar nicht vorstellen, was für einen Einfluß anhaltend schönes Wetter auf den Geist hat. Seit zehn Monaten hat jetzt beinahe täglich die Sonne geschienen, und nun fühle ich mich schon an einem einzigen verhangenen Tag deprimiert.

Kurz nach meinem Start schwenkte ich auf einem düsteren Pfad in die Wildnis ab. Als ich eine Meile vor mir einen anderen Reiter sah, trieb ich Birdie voran; die nächsten acht Meilen ritten wir zusammen; für mich ein Glück, denn ich wäre sicherlich einige Male vom Pfad abgekommen. Sein schönes Pferd, mit dem er erst seit zwei Tagen unterwegs war, brach nach dem Ritt zusammen, während mein »verrückter, böser Bronco«, auf dem ich schon seit zwei Wochen reite, munter durch den Schnee trabte. Während der nächsten zwölf Stunden begegnete ich keiner Menschenseele. Ich genoß jede Minute dieses Ritts, obwohl der Pfad recht schwierig war und den schlechten Namen verdiente, den man ihm bei Links gegeben hatte. Die meiste Zeit ging es am Tarryall Creek, einem der großen Nebenflüsse des Platte, entlang. Rechts und links war ich von Bergen eingeschlossen, die manchmal so eng zusammenkamen, daß nur noch ein schmaler Canyon dazwischen blieb; an anderen Stellen gingen die Berge weit auseinander, und der Pfad wand sich über mehrere Meilen bergauf und bergab, bis er schließlich auf eines der unfruchtbaren, felsgegürteten Täler traf, durch das ein überquerbarer Fluß, so breit wie die Ouse bei Huntington, hindurchbrauste.

Meine getreue Birdie mußte sich bergauf und bergab mühsam durch die Schneeverwehungen kämpfen. Um sie ein wenig zu entlasten, ging ich die vereisten Abhänge zu Fuß hinunter, wobei ich immer wieder anhielt, um mich an der herrlichen Landschaft zu erfreuen, in der ich ständig neue Schluchten in den phantastischsten Farben und Formen entdeckte. Etwas tiefer zwängte sich der Pfad durch einen Canyon und in seiner feierlichen Düsternis entdeckte ich eine Schönheit ganz anderer Art: An manchen Stellen wurde der Fluß, der sich in vielen Windungen hindurchschlängelte, breit und seicht, um sich dann plötzlich wieder zu tiefen, brodelnden Strudeln zu verengen; von den pyramidenförmigen Fichten und den wunderschönen Silbertannen, die seine Ufer säumten, bogen sich einige malerisch über das Wasser; hier und da fiel durch die Bäume etwas Licht auf den Schnee, und als ich mich umdrehte, sah ich hinter mir die Berggipfel in flammendes Rot getaucht.

Das Nebeneinander von Sommer und Winter ist in dieser Gegend einzigartig. Während der Pfad, der die ganze Zeit über in nördlicher Richtung verlief, im Tiefschnee lag, brannte die Sonne auf die fetten Wiesen an der Südseite, auf denen nicht ein Fleckchen Schnee zu sehen war.

Das Tal, der Canyon und die flammendroten Berge lagen hinter mir, die oberen Regionen wurden immer geheimnisvoller und düsterer. Als wir im dichten Unterholz einen tiefen Fluß überquerten und ins Eis einbrachen, sorgte das entsetzlich kalte Wasser dafür, daß meine Glieder für den weiteren Ritt steif blieben. Zweimal verschwand der Pfad in einem breiten Fluß; es war schwierig, ihn wiederzufinden. Zwischen den wenigen zwergwüchsigen und verkrüppelten Tannen hindurch ging es in Frost und Schnee ständig bergauf. Außer dem Knirschen von Eis und Schnee, dem jämmerlichen Geheule der Wölfe und den Schreien der Eulen hörte man keinen Laut.

Als es dunkel wurde, befürchtete ich, den richtigen Weg verfehlt zu haben. Meine Füße waren inzwischen an Strümpfen und Stiefeln festgefroren, und ich verspürte großen Hunger, da ich seit vierzehn Stunden außer ein paar Rosinen nichts mehr gegessen hatte. Nach einem Ritt von dreißig Meilen entdeckte ich schließlich etwas abseits vom Wege ein Licht und stellte fest, daß dort die Schwiegertochter der freundlichen Leute wohnte, bei denen ich in der Nacht zuvor untergekommen war. Obwohl ihr Mann zu den Plains unterwegs war, lebte sie mit ihren beiden kleinen Kindern hier in völliger Sicherheit. Kurz nach meiner Ankunft baten auch noch zwei reisende Händler – abgerissene Gesellen, die von den Minen herunterkamen – um ein Nachtlager. Sie bewunderten Birdie auf verdächtige Art und Weise und boten mir an, »das Paunie« gegen ihr Packpferd »einzutauschen«. Sie bestanden so hartnäckig auf dem Tauschgeschäft, daß ich bei Birdie noch einmal nach dem Rechten sah, bevor ich zu Bett ging. Am nächsten Morgen wollten die beiden irischen Yankees nicht nur mein Pony eintauschen, sondern auch noch meine Uhr »erwerben«. Leute dieser Art würden auch noch ihre Seelen verkaufen. Eine Stunde lang stellten sie mit findiger Schmeichelei und Überredungskunst ihr Warenangebot zur Schau. Mrs. Link ließ sich jedoch nicht in Versuchung führen, und ich ließ mich nur dazu überreden, ein Taschentuch zu kaufen, um mein Gesicht vor der Sonne zu schützen. Danach gab es einen weiteren Disput über meine Route, denn ich hatte den kritischsten Abschnitt meiner Reise erreicht. Sollte ein Schneesturm einsetzen, müßte ich unter Umständen für viele Wochen in den Bergen bleiben; wenn ich mich jedoch durch den Schnee bis zur Straße nach Denver durchschlagen könnte, würde es keine nennenswerte Verzögerung geben. Die Händler bestanden darauf, daß ein Durchkommen unmöglich sei, weil es auf der Straße überhaupt keine Spur gäbe. Mrs. Link meinte jedoch, daß ich es schaffen könnte, und riet mir zu einem Versuch. Also sattelte ich Birdie und ritt los.

Es war ein großartiger Morgen, aber das grelle Sonnenlicht blendete mich, und es war viel zu heiß. Sowie ich ins Freie kam, hatte ich das Gefühl, ich würde gleich vom Pferd fallen. Das große Taschentuch schützte zwar meinen Nakken, doch die brütende Hitze brachte meine Sinne durcheinander. So etwas hatte ich noch nie erlebt. In einer Höhe von 12 000 Fuß ist die Luft natürlich sehr dünn und der Schnee so rein und hell, daß ich meine Augen so lange wie möglich geschlossen lassen mußte, um nicht schneeblind zu werden. Mein Körper schmerzte, und ich fühlte mich so übel und erschöpft, daß ich mich am liebsten in den Schnee gelegt hätte. Vielleicht waren das die ersten Anzeichen von *Soroche*, der Höhenkrankheit. Vier Stunden lang schleppten wir uns mühselig weiter, um uns herum nur Schnee und nichts zu sehen außer einem Meer von gleißenden Berggipfeln vor dem aufreizend blauen Himmel. Wie ich den richtigen Weg fand, weiß ich selbst nicht, denn die einzigen »Wegweiser« waren hier und da ein paar Fußspuren. Und woher sollte ich wissen, ob sie ausgerechnet in die Richtung wiesen, die ich einschlagen mußte? Zu Beginn meines Ritts war ich an einem der letzten Weideplätze des großartigen Bergbüffels vorbeigekommen, hatte aber leider nichts gesehen als Hörner und Knochen. Mr. Link war es vor zwei Monaten gelungen, ein Kalb von seiner Herde zu trennen und es ein wenig zu domestizieren. Mit seinen sieben Monaten war es ein äußerst häßliches Tier, mit einem zottigen Bart und einer kurzen, dichten schwarzen Mähne auf seinen wuchtigen Schultern. Es gab ein lautes Grunzen von sich, wie ein Schwein, und konnte schneller rennen als das schnellste Pferd. Manchmal sprang es über die hohe Umzäunung des Corrals und saugte allen fünf Kühen die Euter leer.

Jetzt wurde der Schnee beängstigend tief. Birdie fiel mindestens dreißigmal hin und schien sich nicht mehr auf den Beinen halten zu können. Daher mußte ich wohl oder übel absteigen und in ihrer Spur hinter ihr her stapfen. Um diese Zeit war mein Kampfgeist wieder etwas zurückgekehrt, denn wir befanden uns im Schatten eines Hügels, und ich erkannte an der Landschaft, daß ich in der Nähe von South Park sein mußte. Einen Pfad gab es nicht mehr, nur noch gelegentlich Fußspuren von Jägern, die mich aber ständig in die falsche Richtung lenkten. Mühevoll kämpften wir uns durch den Schnee. Ich glaube, wir kamen in zwei Stunden nur eine Meile vorwärts. Einmal brachen wir beide in einer Schneewehe ein, deren Oberfläche wie eine Düne gewellt war. Birdie stand bis zum Rücken im Schnee, ich bis zu den Schultern. Als wir uns schließlich durchgekämpft hatten, erblickte ich vor mir das Ziel meiner Reise, »die große Wasserscheide«, was mich fast ein wenig traurig stimmte. Dazwischen lag nur noch South Park, eine Prärie mit leicht gewellten Hügeln, fünfundsiebzig Meilen lang und 10 000 Fuß hoch, ringsum von Bergen umschlossen, völlig baumlos und so reich an übersonnten Wiesen, daß das gesamte Vieh von Colorado hier genügend Weide finden würde. Das Zentrum ist die rauhe Goldgräberstadt Fairplay. Gerüchte, nach denen es hier an mehreren Stellen große Mineralvorkommen geben soll, haben einen »Goldrausch« ausgelöst; in Alma und an anderen Orten sind Camps errichtet worden, in denen es so gesetzlos zugeht, daß Vigilanz-Komitees gegründet werden mußten. Während des Winters ist South Park vom Schnee völlig eingeschlossen; große Planwagen bringen deshalb in diesen Tagen die letzten Vorräte herauf und nehmen die Frauen mit nach Denver. Im Sommer kommen viele Menschen vom Tal aus hier hoch. Die dünne Luft drückt jedoch auf die Lungen, und es heißt, einen Neuankömmling könne man daran erkennen, daß er sich ein blutverschmiertes Taschentuch vor den Mund halte. Als ich auf die »Postkutschen-Straße« nach Denver stieß, glaubte ich frohen Herzens, alle Schwierigkeiten überwunden zu haben. Es stellte sich jedoch heraus, daß das keineswegs so war.

Kurz danach gesellte sich ein Reiter zu mir, der mir ein frisches Pferd besorgte und mich die nächsten zehn Meilen begleitete. Er war eine pittoreske Erscheinung und ritt ein ausgezeichnetes Pferd. Unter seinem großen Schlapphut schauten blonde Locken hervor, die ihm beinahe bis zur Hüfte herabhingen. Sein Bart war blond, die Augen blau, seine Gesichtsfarbe ein gesundes Rot. Er hatte überhaupt nichts Unheimliches an sich und gab sich respektvoll und offen. Bekleidet war er mit einem perlenbesetzten Hirschlederanzug, an seinen Stiefeln trug er ein Paar außergewöhnlich große Metallsporen, sein Sattel war aufs reichlichste verziert. Auch die vielen Waffen, die er bei sich hatte, erregten Aufmerksamkeit. Neben zwei Pistolen, die in den Halftern steckten, und einem Gewehr, das quer über seinem Sattel lag, hingen an seinem Gürtel zwei Revolver und ein Messer, und auf dem Rücken trug er noch einen Karabiner. Seine Gesellschaft war angenehm, und während wir die Continental Divide hinaufritten, erzählte er mir eine Menge über das Land, die wilden Tiere und seine Jagdabenteuer. Auch über die Indianer, die seiner Meinung nach grausam und hinterhältig sind, wußte er viel zu berichten. An einer Hütte machten wir halt. Die Frau, die uns zu Milch und Brot noch ein paar Wildsteaks servierte, schien meinen Begleiter zu kennen. Wir ritten weiter und erreichten den Kamm der Divide. Von hier aus fließt Schmelzwasser in zwei Bächen, eine Viertelmeile voneinander entfernt, ins Tal, der eine dem Colorado und dem Pazifik, der andere dem Platte und dem Atlantik zu. An dieser Stelle verabschiedete ich mich von dem Jäger und wandte mich zögernd nach Nordosten. Es war unvernünftig gewesen, überhaupt hier heraufzukommen, und so mußte ich jetzt schleunigst wieder zurück. Auf meinem Weg ins Tal unterhielt ich mich mit der Frau, die uns das Mittagessen bereitet hatte, und als sie sagte: »Comanche Bill hat sich Ihnen gegenüber sicher wie ein wahrer Gentleman benommen«, da wurde mir klar, daß mein intelligenter, höflicher Begleiter einer der berüchtigtsten Desperados der Rocky Mountains und der größte Indianervernichter der Frontier war. Seine Familie war bei dem Massaker am Spirit Lake von Indianern getötet worden, die seine Schwester, damals ein Kind von elf Jahren, verschleppt hatten. Seither verbringt er sein Leben auf der Suche nach dem Mädchen und tötet jeden Indianer, der seinen Weg kreuzt.

Nach zwanzig Meilen (insgesamt kam ich an diesem Tag auf fünfzig) wechselte ich wieder auf Birdie um und ritt noch weitere sechs Meilen bis zu meinem Nachtquartier. Die Straße stieg bis auf eine Höhe von 11 000 Fuß, und von dort aus warf ich einen letzten Blick auf das einsame Präriemeer. Die sogenannte »Postkutschen-Straße« nach Denver war die schlechteste, düsterste und gräßlichste Straße, die ich bis jetzt entlanggeritten bin. Sechs Meilen weit zog sie sich durch den Platte Canyon, von 12 000 Fuß hohen Bergen flankiert. An diesem Abgrund sollen auf vierzig Meilen nur fünf Häuser zu finden sein. Wenn nicht dann und wann ein Goldgräber herunter- oder ein Planwagen heraufkäme, wäre die Einsamkeit wirklich erschreckend. Ich selbst begegnete jedoch keiner Menschenseele.

Um vier Uhr verließ ich South Park; als ich unter den Fichten und zwischen den riesigen Bergwänden entlangritt, wurde es bald dunkel, eine Dunkelheit, die man regelrecht spüren konnte. Der Schnee, der in der Sonne geschmolzen war, hatte sich in eine dünne Schicht Glatteis verwandelt, auf dem Birdie ins Rutschen kam, so daß ich lieber abstieg und zu Fuß ging. Da wir uns aber beide nicht auf den Beinen halten konnten und die Gefahr bestand, daß Birdie in der Dunkelheit stolperte und auf mich fiel, holte ich aus meinem Segeltuchsack die Männersocken heraus, die mir Miss Perry mitgegeben hatte, und zog sie über Birdies Vorderhufe. Mit diesem Hilfsmittel klappte es wunderbar, wenigstens eine Zeitlang. Ich stieg wieder auf und erlaubte Birdie, sich ihren eigenen Weg zu suchen. Obwohl sie auf dem Eis schlitterte und ich noch nicht einmal bis zu ihren Ohren sehen konnte, schafften wir es doch, durch die engste Stelle im Canyon zu kommen, wo ein reißender Fluß direkt neben der Straße herlief. Die Fichten, die hier dicht an dicht wuchsen, ächzten und stöhnten in der klirrenden Kälte. Daneben hörte man noch andere unheimliche Geräusche, die sich nicht so leicht erklären ließen. Endlich, als die Socken schon beinahe durchgescheuert waren, sah ich vor mir den Schein eines Lagerfeuers, an dem zwei Jäger saßen, und etwas weiter weg, an der Mündung der Schlucht, entdeckte ich die Umrisse von Gebäuden. Man hatte mir gesagt, ich könne hier übernachten, obwohl der Ruf dieses Ortes nicht der beste war. Ein Mann, betrunken, aber noch durchaus gutmütig, erschien bei einer der Hütten, und als sich die Tür öffnete, sah ich eine primitive Bar, in der grell und qualmend eine Kerosinlampe brannte. Was das Essen, die Unterkunft und die Gesellschaft betrifft, bin ich auf meiner ganzen Reise an keinen schlimmeren Ort geraten. In der alten, unverputzten und äußerst dreckigen Holzhütte lag ein schwer fieberkranker Mann. Angebaut war ein großer Schuppen ohne Dach, dessen eine Seite aus Segeltuch bestand. Sie begründeten die Unordnung damit, daß sich hier alles noch im Aufbau befände, und fragten mich, ob ich die englische Lady sei, von der sie in den *Denver News* gelesen hätten. Diesmal war ich herzlich froh darüber, daß mein Ruf mir vorausgeeilt war – er erschien mir als wirksamer Schutz, nicht in aller Ruhe »beiseite geschafft zu werden«. Ein gräßliches Mahl wurde serviert – schmutzig, ölig, abscheulich. Bob Craik, ein berühmter Jäger, kam mit einem jungen Mann im Schlepptau zum Essen herein, in dem ich trotz seiner einfachen Goldgräberkleidung sofort den englischen Gentleman erkannte. Es waren die zwei, deren Lagerfeuer ich gesehen hatte. Dieser Gentleman, der mir zuerst keinerlei Beachtung schenkte, benahm sich reichlich anmaßend, redete mit betont amerikanischem Akzent und verfluchte alles und jeden, während ich mir in der Ecke am Kamin darüber Gedanken machte, warum sich so viele Engländer aus der Oberschicht, die »High Toners«, wie man sie hier nennt, in Amerika so absurd aufführen. Als er merkte, daß ich Engländerin bin, wurde er plötzlich ausgesprochen höflich und verkürzte seinen langgezogenen Akzent um einige Grade. Er gab sich größte Mühe, mich wissen zu lassen, daß er Offizier der Garde sei, aus guter Familie stamme und für alles Amerikanische tiefe Verachtung empfinde. Warum müssen viele

Engländer so breit und hochgestochen daherreden und so viele persönliche Dinge erzählen? Der betrunkene Wirt war inzwischen eingeschlafen, und seine Frau fragte mich, ob ich mich davor fürchte, allein in dem großen Schuppen zu schlafen, da sie den kranken Goldgräber nicht transportieren konnten. Also schlief ich bei null Grad Celsius im Schuppen, in dem die Sterne durch das Dach hereinsahen. Da ich vor einiger Zeit das unüberlegte Versprechen gegeben hatte, nicht ohne Waffe in Colorado herumzureisen, hatte ich Estes Park mit einem geladenen Sharps Revolver in der Rocktasche verlassen. Dieser Revolver hat mir seither das Leben schwer gemacht. In der friedlichsten Umgebung kam seine unheilverkündende Trommel plötzlich zum Vorschein, Kinder zogen daran, um damit zu spielen, und wenn ich mein Kleid aufhängen wollte, wurde es samt Aufhänger zu Boden gerissen. Ich hatte mir bisher keine einzige Situation vorstellen können, in der ich berechtigt gewesen wäre, von der Waffe Gebrauch zu machen. Letzte Nacht holte ich sie jedoch heraus und legte sie frisch geputzt und geölt unter mein Kopfkissen, wobei ich mir fest vornahm, die ganze Nacht über wachzubleiben. Sowie ich meinen Kopf aufs Kissen gelegt hatte, schlief ich ein und wachte erst wieder auf, als die helle Morgensonne durch das Dach hereinschien. Wegen meiner Furcht lache ich mich selber aus, und dem Gebrauch einer Pistole schwöre ich für immer ab.

BRIEF XII

DEER VALLEY, NOVEMBER 1873

Heute übernachte ich auf einer wunderschönen großen Farm, in der es sauber, hell und warm ist und eine Unmenge gutes Essen gibt. Es fällt mir jedoch schwer, mich auf diesen Brief zu konzentrieren, denn zwei redefreudige, lautstarke Irinnen, die in South Park eine Pension für Goldgräber betreiben und jetzt mit einem Planwagen auf dem Weg in ihr Winterquartier sind, erzählen die gräßlichsten Geschichten über Gewalttaten, Vigilanz-Komitees, Lynchjustiz und von gegenseitigem »Aufknüpfen«. Wenn ich daran denke, daß ich heute in völliger Sicherheit durch Gegenden reisen kann, in denen noch vor kurzem Menschen wie die Stinktiere abgeschossen wurden, läuft es mir eiskalt den Rücken hinunter. Wer noch nie einen anderen umgelegt hatte, galt in gewissen Kreisen als »Niemand«. Die Frauen erzählten mir eine absurde Geschichte von einem fünfzehnjährigen Jungen, der glaubte, er könne es erst zu etwas bringen, wenn er jemanden erschossen habe. Da er aber nicht den Mut aufbrachte, einen anderen zu beleidigen, versteckte er sich schließlich im Stall und knallte den erstbesten Chinesen ab, der hereinkam. In diesen Goldgräberstädten ist alles noch in dem Urzustand, den die Desperados so lieben. Im Saloon rempelt ein Mann aus Versehen einen anderen an oder sagt beim Essen etwas Beleidigendes, und schon gilt die Herausforderung. Es kommt nur noch darauf an, wer als erster den Finger am Abzug hat. Man schießt gleich oder irgendwann später aufeinander, ohne die Formalitäten des Duells zu beachten. In Alma und Fairplay sind in letzter Zeit Vigilanz-Komitees gebildet worden, und wenn sich irgend jemand besonders haarsträubend benimmt, erhält er als Warnung eine Zeichnung, auf der man einen Baum mit einem Gehängten, und darunter einen Sarg sieht. Als ich erzählte, daß ich in der vergangenen Nacht in Hall's Gulch war, gab es einen allgemeinen Aufschrei. Der dortige Wirt, so erzählten sie, würde früher oder später »aufgeknüpft« werden. »Ja wissen Sie denn nicht, daß man dort gestern einen Mann gehängt hat?« fragten sie. »Haben Sie ihn denn nicht gesehen? Er hing in dem großen Baum, gleich neben dem Haus.« Wenn ich gewußt hätte, was für eine grauenvolle Last dieser Baum trug, dann hätte ich lieber der Eiseskälte und Düsternis der Schlucht getrotzt, als dort zu übernachten. Dieser Mann scheint so gewalttätig gewesen zu sein, daß er selbst die hartgesottenen Männer von Alma schockierte. Die Vigilanten schickten ihm eine Warnung und erzielten damit den gewünschten Effekt, denn er siedelte nach Hall's Gulch um. Als er dort seinen Schnapsladen eröffnete, obwohl viele der Goldgräber dagegen waren, wurde er abermals gewarnt. Es scheint jedoch, daß das nur ein Vorwand war, um ihn loszuwerden, denn die Eröffnung eines Schnapsladens ist sonst noch nicht einmal ein Fall für die Lynchjustiz. Er wurde von einer ganzen Gruppe überwältigt und unter den gräßlichsten Umständen innerhalb einer Stunde verurteilt und gehängt. Die meisten Leute sind mit dieser Exekution einverstanden und betrachten sie als angemessene Vergeltung für eine ganze Reihe von Verbrechen.

Am nächsten Tag ritt ich bloß zweiundzwanzig Meilen weit, da Birdie auf dem Eis nur mit Mühe vorankam. Von zwei Frachtfahrern, denen ich unterwegs begegnete, erfuhr ich die unwillkommene Neuigkeit, daß mir zwischen hier und Denver dreißig Meilen Eisfläche bevorstanden. Außer zwei Männern mit Packesel begegnete mir den ganzen Tag über niemand mehr. Esel sind Birdie so verhaßt, daß sie vorn hochgeht und davonrennt, sowie einer in Sichtweite kommt. Den beiden Gefahren, daß entweder Birdie sich die Beine brach oder ich von einem Ast erschlagen wurde, den der Wind herunterriß, mußte ich den ganzen Tag ins Auge sehen. In der Abenddämmerung erreichte ich ein Haus, in dem sie »Fremde aufnehmen«, aber die Dame des Hauses machte so ein essigsaures Gesicht, daß ich es vorzog, noch vier Meilen weiterzureiten. Welch eine Freude, endlich aus der tiefen Schlucht herauszukommen, in die ich den ganzen Tag eingeschlossen war. Der Rancher, in dessen Haus ich wohne, duldet keinerlei Alkoholgenuß. Zum Abendessen kamen die Frachtfahrer herein, die neben dem Haus ihr Lager aufgeschlagen haben. Sie hatten sich alle miteinander sauber gewaschen, und obwohl zwölf von ihnen in der Küche auf dem Boden schliefen, hörte man nach neun Uhr keinen Laut mehr. Das Frachtgeschäft ist sehr einträglich. Soviel ich weiß, verlangt man von Denver bis South Park für jedes Pfund Fracht drei Cents. Viele Güter werden auch mit Packeseln in die Goldgräbercamps in den Bergen gebracht. Es gibt jedoch Pläne für eine Eisenbahn.

DENVER, 9. NOVEMBER

Am nächsten Morgen verließ ich Deer Valley um zehn Uhr. Nach den ersten zwölf Meilen im Sattel saß ich für die nächsten drei Stunden in einer Schmiede auf einem Faß und wartete, bis vierundzwanzig Ochsen beschlagen waren. Die Nacht zuvor hatte ich in einem Raum mit der vielköpfigen Familie eines Lebensmittelhändlers und drei Ochsentreibern verbracht. Durch den dicken Vorhang, der meine Schlafstelle abschirmte, wurde ich fast erstickt, daher stand ich um vier Uhr auf, noch bevor sich einer der anderen regte, sattelte Birdie und ritt in die Nacht hinaus. Mein Geld ließ ich auf dem Tisch liegen. Bis Denver war es nur noch ein kurzer Achtzehn-Meilen-Ritt. Zuerst ging es den wunderschönen Turkey Creek Canyon hinunter, danach stieg die Straße am Rande eines 600 Fuß tiefen Canyons steil an. Sobald uns ein Fuhrwerk entgegenkam, mußte ich absteigen, da ich befürchtete, in dieser Enge mit meinen Füßen zwischen die Speichen zu geraten. Von dort oben hatte man einen herrlichen Ausblick über die gewellten Foot Hills und die graubraunen Plains bis nach Denver. Ich verließ die Straße und nahm eine Abkürzung über die Prärie. Der Weg führte durch ein Lager der Ute Indianer, ein unordentliches und schmutziges Durcheinander von Zelten und Ponies, Männern, Squaws, Kindern, Häuten, Knochen und rohem Fleisch.

Die Amerikaner werden ihr Indianerproblem erst gelöst haben, wenn die Indianer ausgerottet sind. Sie behandeln diese Menschen in einer Art und Weise, die sie als Feinde immer hinterlistiger und »teuflischer« werden ließ; die ihnen freundlich gesonnenen Stämme verurteilen sie indessen dazu, in erniedrigender Armut und ohne jegliche Kultur zu leben. Der einzige Unterschied zwischen einem wilden und einem zivilisierten Indianer besteht darin, daß letzterer eine Feuerwaffe trägt und sich mit Whisky besäuft. Die Indian Agency ist ein einziger Pfuhl von Betrug und Korruption. Man sagt, daß kaum dreißig Prozent der Gelder diejenigen erreichen, für die sie gedacht sind, und alle Indianer beklagen sich über zerlumpte Decken, verdorbenes Mehl und untaugliche Feuerwaffen. »Die Injuns loswerden« ist das erklärte Ziel. Selbst in ihren »Reservaten« sind sie nicht sicher, denn sollte dort ein »Goldrausch« ausbrechen, dann werden sie entweder dazu gezwungen, weiter nach Westen zu ziehen, oder man erschießt oder vertreibt sie kurzerhand. Whisky versetzt mit Vitriol ist eines der sichersten Indianervernichtungsmittel. Ein vor kurzem unternommener Versuch, den Augias-Stall des Indian Departments auszumisten, war völlig fehlgeschlagen. Da die Amerikaner Superlative lieben und Ausdrücke wie »das Größte« oder »das Schönste auf der Welt« in aller Munde sind, werden sie sich demnächst wohl damit brüsten, daß ihre Regierung aus den »größten Schurken auf der ganzen Welt« besteht.

In Denver ritt ich schnurstracks zum Haus der Evans, die mich herzlich willkommen hießen, da sie sich um meine Sicherheit gesorgt hatten. Fast zur gleichen Zeit traf auch Griff aus Estes Park ein und brachte auf seinem Wagen drei Hirsche, einen Grizzly und ein Bighornschaf mit. Von ihm erhielt ich die unerfreuliche Nachricht, daß sein Haus dort oben inzwischen geschlossen ist und die Dewys nach Denver gezogen sind. Jetzt wohnen nur noch die Edwards dort, die mich allerdings zurückerwarten. Am Sonntag besuchte ich zweimal den Gottesdienst der Episkopalkirche. Außer dem Kirchgang sah man wenig Anzeichen dafür, daß Sonntag war, denn die Stadt ist voller Rowdies von den Goldgräbercamps.

GOLDEN CITY, 13. NOVEMBER

Trotz der schönen Tage, die ich hier mit den Dewys und meinen vielen anderen Freunden verbrachte, wurde mir das Leben in der Stadt auf die Dauer zu anstrengend. Daher verließ ich Denver am späten Montagnachmittag. Die sechzehn Meilen nach Golden City kamen mir in der wunderbaren Frische dieser Luft wie eine Meile vor, und Birdie galoppierte nach ihren zwei Ruhetagen und mit leichterer Last über die Prärie, als ob es ihr riesigen Spaß mache. Erst eine Stunde nach Sonnenuntergang kam ich hier an und mußte mich in dieser unbeleuchteten Goldgräberstadt in völliger Dunkelheit zurechtfinden. Mit der Unterkunft haben Birdie und ich es allerdings gut getroffen.

BOULDER, 16. NOVEMBER

In Golden City trennte ich mich für kurze Zeit von meinem treuen Pony, da der Clear Canyon, von dem aus man direkt nach Idaho kommt, von einer Schmalspurbahn vollkommen in Beschlag genommen wird, und für Pferde und Maultiere unpassierbar ist. Ich wollte unbedingt den Green Lake sehen, er auf 9000 Fuß Höhe oberhalb von Georgetown liegt. So kam ich an einem einzigen Tag aus sommerlicher Hitze in klirrende Winterkälte. Bei Tageslicht sah Golden City schäbig aus und strafte seinen Namen Lüge. Ziegel und Holzhäuser drängten sich eng aneinander, jedes zweite Haus war ein Saloon. Meine Zimmerwirtin entschuldigte sich für das ganz entzückende Schlafzimmerchen, das sie mir gab. Sie meinte, es sei nicht so, wie sie es sich wünschte, aber sie habe noch nie zuvor eine Dame beherbergt. Das junge Mädchen, das mich beim Frühstück bediente, sagte zu mir: »Ich habe über Sie nachgedacht, Sie sind bestimmt Schriftstellerin.« Das Wetter war wie üblich großartig. Stell Dir vor, Mitte November und fast wolkenloser Himmel, bis auf die kleinen roten Wölkchen, die bei jedem Sonnenauf- und untergang zu beobachten sind. Die Stadt steht an der Mündung des Clear Creek Canyon, dessen Seiten fast völlig kahl sind, da die Minen jede Menge Holz verbrauchen. Noch niemals bin ich so unfreundlich behandelt worden wie von den Angestellten der Schmalspurbahn und der Postkutsche, die damit verbunden ist, und noch nie habe ich so ungeheuerliche Fahrpreise bezahlt. Hübsche kleine Wagen befahren die Strecke, trotzdem steckte man uns mit der Begründung, die Saison sei vorbei, in den Gepäckwagen, obwohl wir alle den vollen Fahrpreis bezahlt hatten. Um von der einmaligen Landschaft überhaupt etwas zu sehen, mußte ich mich an der Tür auf den Boden setzen. Am Ende der Bahnlinie erwartete uns eine große »Concord Coach«, in der zweiundzwanzig Passagiere und ein Berg von Gepäck Platz fanden. Die vier Passagiere, die ohne Gepäck reisten, mußten auf dem Sitz hinter dem Kutscher Platz nehmen. Obwohl sich unter den Passagieren zwei Damen befanden, beschimpfte und verfluchte der Kutscher seine Pferde ohne Unterlaß.

Die Straße führte durch den Canyon nach Idaho Springs, im Sommer ein Modekurort, aber jetzt völlig verlassen. Von dort aus brachte uns ein wunderschönes Sechsergespann nach Georgetown, dessen Häuser sich in der eindrucksvollsten Schlucht zusammendrängten, die jemals als Ort für eine Stadt gewählt wurde. Als ich um drei Uhr nachmittags hier ankam, lagen die Häuser in dieser tiefen, dunklen und eiskalten Mulde bereits in tiefem Schatten. Tatsächlich, es schien schon zu dämmern und ich befürchtete, nicht mehr zum Green Lake, dem Ziel meiner Reise, zu kommen. Im

Hotel sagte mir der Wirt, der Schnee sei für diesen Ritt viel zu tief, seit fünf Wochen sei niemand mehr dort hinaufgeritten; er schickte jedoch jemanden zum Mietstall, der sich erkundigen sollte. Von dort kam die amüsante Antwort zurück: »Falls es sich um die englische Lady handelt, die in den Bergen herumreist, geben wir ein Pferd heraus. Sonst nicht.«

BRIEF XIII

BOULDER, NOVEMBER 1873

Innerhalb von fünf Minuten stand ein Pferd mit einem plumpen Damensattel vor der Tür, und ich machte mich sofort in die oberen Regionen auf. Es war ein aufregender Ritt, gut gewürzt mit allerlei Befürchtungen.

In dieser Gegend gibt es gewaltige Silbervorkommen. Die unterirdischen Minen und die Schmelzwerke, die man in ihrer Nähe gebaut hat, erfüllen den gesamten Distrikt bei Tag und Nacht mit Lärm und Rauch. Ich wandte mich von den Minen ab und kam in die Gegend, in der einzelne Silbergräber in Ruhe arbeiten; jeder gräbt für sich allein und vertraut weder seine Funde noch seine Enttäuschungen einem anderen an. Der letzte, dem ich begegnete, erklärte mir genau den Weg, und ich verließ den Pfad in Richtung auf die eisige Einsamkeit. Zuerst ritt ich über Eisflächen, dann durch tiefen, reinen Pulverschnee; dem folgte ein schwieriger Anstieg durch einen Fichtenwald, in dem es fast schon dunkel war. Als ich auf beinahe 12 000 Fuß Höhe an einem Steilhang anhielt, lag unter mir der See, von einem dichten Waldgürtel völlig umschlossen. Was aussah wie Wasser, war in Wirklichkeit eine dicke Eisschicht.

Es war ein seltsames Gefühl, auf dieser Höhe das einzige menschliche Wesen zu sein und wieder durch den tiefen, unberührten Schnee und über Eisflächen hinweg in die Dunkelheit abzusteigen. Der Ausblick ins Tal wirkte grauenhaft, jedenfalls solange ich ihn noch sehen konnte. Es schien, als könnte man niemals nach Georgetown kommen, ohne in einen der Abgründe zu stürzen, von denen es längs des Pfades mehr als genug gab. Das war mein einziger Ritt in Colorado, der wirklich Nerven kostete. Als ich von meiner Heldentat zurückkehrte, war es in Georgetown schon längst dunkel.

Am nächsten Morgen verließ ich die Stadt mit der Idaho-

Postkutsche. Die Sonne geht um diese Jahreszeit erst um elf Uhr auf, und ich bezweifle, daß man sie hier im Winter überhaupt zu Gesicht bekommt. Nachdem uns die Kutsche vier Stunden lang durchgerüttelt hatte, nahm uns der Gepäckwagen wieder in Empfang. Der Schaffner vermutete, daß ich nur auf Reisen war, um die Landschaft zu besichtigen, und trat mir seinen Stuhl ab, den er so auf die Plattform stellte, daß ich einen ausgezeichneten Blick über diesen wahrhaft erhabenen Canyon hatte.

Mein nächstes Abenteuer ist zum Erzählen fast zu dumm. Um drei Uhr ritt ich auf meiner treuen Birdie los und wollte am Abend in Boulder eintreffen. Als ich Golden City verließ, war es sommerlich warm, aber nicht zu heiß. Im Stall konnte ich keinerlei Richtungsangaben bekommen. Sie meinten, ich solle erst einmal die Straße nach Denver entlangreiten, dort würde ich schon jemanden treffen, der mir Auskunft geben könne. Das brachte mich von Anfang an auf die falsche Spur. Nach zwei Meilen begegnete mir ein Mann, der meinte, ich sei völlig falsch, und mich über die Prärie schickte. Schließlich traf ich einen zweiten Mann, der mir so viele Richtungsanweisungen gab, daß ich sie vergaß und mich völlig verirrte. Das Abendglühen, das sich von der offenen Prärie her besonders gut beobachten ließ, war wundervoll. Als es gerade dunkel wurde, erfuhr ich von einem Ochsentreiber, daß ich von Boulder vier Meilen weiter entfernt war als bei meinem Start in Golden City. Er schickte mich zu einem Haus, sieben Meilen von hier entfernt. Wahrscheinlich glaubte er, daß ich den Weg kannte, denn er sagte, ich solle die Prärie überqueren, bis ich auf drei Wege stoße; dem ausgetrampeltsten müsse ich folgen und mich die ganze Zeit über nach dem Polarstern richten. Ich fand zwar ein paar Wege, aber um diese Zeit war es schon so dunkel, daß ich kaum noch etwas sehen konnte. Stunde um Stunde ritt ich weiter durch die dunkle Einsamkeit; um mich herum nur Prärie, über mir die frostigen Sterne. Dann und wann heulte ein Präriewolf, und gelegentlich hörte ich Vieh brüllen und hoffte, in der Nähe einer menschlichen Behausung zu sein. Du kannst Dir gar nicht vorstellen, wie sehr man sich nach einem Licht und dem Klang einer menschlichen Stimme sehnt, und wie unheimlich es einem wird, wenn man so ganz allein durch die einsame, wilde Prärie reitet. Es war schneidend kalt. Ich entschloß mich, die ganze Nacht über dem Polarstern zu folgen, und befürchtete nur, daß Birdie irgendwann ermüden, oder ein Nebenfluß des Platte uns aufhalten würde, als ich plötzlich einen Stier brüllen hörte. Aus seinem Schnauben und Stampfen schloß ich, daß er uns nicht durchlassen wollte. Birdie blieb furchtsam stehen, und während sie noch unentschlossen mit den Hufen scharrte, hörte ich Hundegebell und Fluchen; dann sah ich ein Licht, und eine Minute später stand ich in einem großen Haus, nur elf Meilen von Denver entfernt! Es ging jetzt auf Mitternacht zu, Licht, Wärme und ein gutes Bett waren mir hochwillkommen.

Meine nächste Unternehmung nahm ein unrühmliches Ende. In Boulder angekommen, wollte ich in die Berge weiterreiten, fühlte mich aber schwindelig und schwach und hatte so schreckliche Kopfschmerzen, daß ich mich ins Bett legen mußte. Schuld daran waren die grelle Sonne und die Hitze. Boulder ist eine häßliche Ansammlung von Holzhäusern. Als »Verteilerpunkt« für die Siedlungen oberhalb des Boulder Canyons hat es aber den Ehrgeiz, eine »Stadt« zu werden. Vor kurzem wurde hier auch ein Kohleflöz entdeckt.

LONGMOUNT, NOVEMBER

Ich stand heute morgen sehr früh auf und ritt auf einem Mietpferd neun Meilen den Boulder Canyon hinauf, dessen Schönheit so sehr gepriesen wird. Ich war jedoch von allem, außer von der guten Straße, sehr enttäuscht und hatte von dem reichlich lahmen Gaul schon bald genug. Ein Fünfzehn-Meilen-Ritt brachte mich dann am frühen Nachmittag hierher, aber statt des großen Sacks mit Post, den ich erwartet hatte, gab es keinen einzigen Brief für mich. Birdie ist in so großartiger Verfassung, daß der Wirt kaum glauben konnte, daß sie eine Reise von fünfhundert Meilen hinter sich hat.

Im Augenblick bin ich knapp bei Kasse. Wenn ich meine Rechnung hier bezahlt habe, bleiben mir noch genau sechsundzwanzig Cent. Evans war außerstande, mir die hundert Dollar zurückzuzahlen. In Denver sind die Banken zwar noch offen, aber um sich selbst vor dem Ruin zu retten, zahlen sie nichts mehr aus. Die unsinnige Panik, die daraufhin eingesetzt hat, macht alles nur noch schlimmer. So bleibt mir nichts anderes übrig, als nach Estes Park zurückzukehren, wo ich ohne Bargeld leben und abwarten kann, bis sich die Dinge zum Besseren wenden. Kein sehr hartes Schicksal für mich.

Estes Park, 20. November

Am Samstagmorgen verließ ich Longmount schwer beladen, denn zu meinem eigenen Gepäck kam noch ein großer Sack mit Zeitungen und Briefen. Ein Schneesturm war zu erwarten, und ich kam nur langsam voran. Der Weg ist für jedes Pferd eine Schinderei, besonders für ein schwer beladenes, das schon eine anstrengende Reise von mehreren Wochen hinter sich hat. Nach fünfzehn Meilen hielt ich an einer Ranch, an der man für gewöhnlich etwas zu essen bekommt, aber sie war inzwischen geschlossen. Da die nächste ebenfalls verlassen war, mußte ich notgedrungen weiterreiten, bis ich an ein Haus kam, in dem zwei junge Männer überwinterten. Dort mußte ich mich entscheiden, ob ich Essen für mich oder Futter für Birdie kaufen wollte, aber als der junge Mann von meiner trostlosen finanziellen Lage hörte, gab er mir bis zum »nächsten Mal« Kredit. Im Haus, das sauber, ordentlich und gleichzeitig sehr gemütlich war, kochte er mir ein großartiges Dinner und einen guten Tee. Nach dem Essen blieb ich jedoch viel zu lange, denn ich hatte völlig vergessen, daß noch zwanzig Meilen vor mir lagen, die ich wohl kaum unter sechs Stunden schaffen konnte. Birdie war müde, und ich konnte sie nicht zur Eile antreiben. Die Entfernung schien endlos; nach jeder Bergkette, die wir überwanden, tauchte eine neue auf! Schließlich ritten wir durch tiefe, düstere, dicht bewaldete enge Schluchten und überquerten so manchen Wildbach. Das letzte Sonnenlicht verschwand, und in der kalten Tiefe wurde es unheimlich. Aus allen Richtungen ertönte Wolfsgeheul. Man sagt, das sei die Ankündigung eines Schneesturms. Als ich schließlich den letzten Kamm überwunden und die letzte Schlucht durchquert hatte, überkam mich solche Sehnsucht nach menschlicher Gesellschaft, daß ich zu »Rocky Mountain Jims« Höhle ritt. Dort war jedoch alles ruhig, und durch die Ritzen drang kein Lichtstrahl. Also ritt ich weiter. In der M'Ginns Gulch, die voll seltsamer Geräusche ist, herrschte trotz des hellen Sternenhimmels pechschwarze Nacht. Kurz darauf hörte ich ein höchst willkommenes Hundegebell. Ich vermutete zwar, ein paar fremde Jäger vor mir zu haben, rief aber trotzdem auf gut Glück nach »Ring«. Im nächsten Augenblick erschienen Rings edler Kopf und seine Riesenpfoten auf meinem Sattel, und obwohl es völlig dunkel war, erkannte ich an der wohlklingenden Stimme in einem der beiden Reiter seinen Herrn und Meister. Der Desperado war erfreut, mich wiederzusehen und zündete ein Streichholz an, um mir die wertvollen Pelze zu zeigen, mit denen eines der Pferde beladen war. Er schickte den anderen Reiter mit der Pelzladung zu seiner Hütte, während er selbst mich zu Evans Haus begleitete. Da inzwischen schneidende Kälte herrschte und Birdie völlig erschöpft war, stiegen wir ab und gingen die letzten drei Meilen zu Fuß. Nachdem »Jim« mir erzählt hatte, daß die Edwards am Tag zuvor nach Denver abgereist waren und die Vorräte langsam zur Neige gingen, löste sich meine Hoffnung auf eine gemütliche Unterkunft und ein herzhaftes Essen in nichts auf. Bis zu Evans Rückkehr, die jetzt jeden Tag erfolgen konnte, versorgten zwei junge Männer, Mr. Buchan und Mr. Kavan, das Vieh. Um mich selbst machte ich mir keine Sorgen, ich konnte ohne weiteres unter einfachsten Bedingungen zurechtkommen, mir taten nur die beiden jungen Männer leid, denen es sicherlich peinlich sein mußte, wenn plötzlich und für unbestimmte Zeit eine Frau bei ihnen auftauchte. Diesem Problem mußte ich jedoch ins Auge sehen, also überrumpelte ich die beiden ganz einfach, als sie rauchend vor dem Kamin des völlig ungeputzten Wohnzimmers saßen. Ihre Gesichter ließen keinerlei Ärger erkennen, im Gegenteil, sie bemühten sich außerordentlich, mir ein Mahl zu bereiten, zu dem sie auch »Jim« höflich einluden. Als er weg war, beichtete ich ihnen meine Finanzlage und erklärte ihnen kühn, daß ich hierbleiben müsse, bis sich die Verhältnisse gebessert hätten. Ich schlug vor, daß wir die Arbeit unter uns aufteilten und ihnen somit mehr Zeit zum Jagen blieb. Wir kamen überein, das Beste aus der Situation zu machen.

Zunächst mußten wir uns jedoch den verschiedensten Schwierigkeiten stellen. Da gab es zum Beispiel in dem kleinen Raum neben der Küche eine der hier üblichen Federkernmatratzen, aber nichts zum Drauflegen. Wir behalfen uns mit einem großen Sack, den wir mit Heu ausstopften. Es gab weder Tischdecken noch Handtücher, noch Bettwäsche. Daran war nichts zu ändern, und das erste und letzte vermißte ich keine Minute. Es gab auch keine Kerzen, nur die Paraffinlampe. Die ganze Nacht hindurch schlief ich tief und fest, trotz des schweren Schneesturms, der bis Montagnachmittag anhielt, die ganze Hütte hochzuheben drohte und ein Loch ins Dach riß. Bei diesem Sturm, der schon beinahe einem Hurrikan glich, traute ich mich nicht aus der Hütte. Wegen des Lochs im Dach stand in dem kleinen Raum zwischen der Küche und dem Wohnzimmer knöcheltiefer Schlamm. Wir kochen abwechselnd, und Mr. Kavan bäckt das beste Brot, das ich bisher gegessen habe. Sie bringen mir Wasser und Holz herein, und ich wasche das Geschirr und mache sauber. Aus dem kleinen Raum habe ich heute schon mehrere Schaufeln voll Schlamm hinausgebracht. Dann und wann fährt eine Böe in den offenen Kamin und verteilt die Asche im ganzen Raum. Zum Abstauben dient mir ein Büffelschwanz, und ich habe ein altes Schultertuch gefunden, das sich ganz gut als Tischtuch eignet und unser »Wohnzimmer« etwas wohnlicher macht. Gestern schaute »Jim« zu uns herein, war aber wenig gesprächig und blickte nur geistesabwesend ins Feuer. Meine Wohngenossen meinen, das sei das übliche Vorzeichen für einen seiner »häßlichen Anfälle«.

Unser Lebensmittelvorrat geht allmählich zu Ende. Von den dreißig Milchkühen ist nur noch eine übrig, deren Milch für uns drei jedoch nicht ausreicht. Dann gibt es noch etwas gepökeltes Schweinefleisch, so salzig und hart, daß ich es nicht essen kann, und die Hühner legen weniger als ein Ei pro Tag. Gestern habe ich ein paar Brötchen gebacken und das letzte Brot in einen Pudding verwandelt, der uns gut schmeckte. Heute fand ich ein Stück Rindskeule im Wagenschuppen, und die Aussicht auf ein Stück Frischfleisch hob unsere Stimmung beträchtlich. Als wir die Keule jedoch anschnitten, war sie innen grün und damit nicht mehr eßbar. Wenn man mir in Longmount keinen Tee geschenkt hätte, müßten wir ohne auskommen. In dieser wundervollen Luft und bei der vielen körperlichen Arbeit kann ich alles essen, nur kein Pökelfleisch. Um neun gibt es Frühstück, um zwei Mittagessen, um sieben Abendessen, aber unser *Menü* bleibt immer gleich. Heute bin ich allein hiergeblieben, da die Männer nach dem Frühstück auf die Hirschjagd gingen. Ohne den strahlend blauen Himmel wäre die Einsamkeit erdrückend. Ich halte mir stets zwei Pferde im Corral, damit ich auf meine Streifzüge gehen kann. Außer Birdie taugt jedoch keines der Pferde etwas, denn entweder fehlen ihnen die Hufeisen, oder sie haben weiche Hufe.

BRIEF XIV

Estes Park, November 1873

Als ich das nächste Mal allein zu Hause war, erschien Mr. Nugent mit düsterem Gesicht und bat mich, mit ihm zu den Biberdämmen am Black Canyon zu reiten. Diesmal gab es unterwegs kein Pfeifen und Singen, keine schlagfertigen Antworten, keine Unterhaltung mit seiner wunderschönen Araberstute. Seine Laune war so schwarz wie der Himmel über uns, an dem ein Schneesturm aufzog. Er sprach kaum ein Wort, schlug des öfteren auf sein Pferd ein und galoppierte wild davon. Dann ritt er nah an mich heran und meinte: »Sie sind seit vielen Jahren der erste Mensch, der mich wie ein menschliches Wesen behandelt.« So äußerte er sich in seiner schwärzesten Laune, aber Mr. und Mrs. Dewy, die ein großes Interesse an seinem Wohlergehen zeigten, hatten ihn stets wie einen intelligenten und gebildeten Menschen behandelt, und bei besserer Laune sprach er von ihnen mit großer Wertschätzung. »Wenn Sie wissen wollen«, fuhr er fort, »wie ein Mann beinahe zum Teufel wird, dann erzähle ich es Ihnen.« Wir ritten den Canyon hinauf, und ich hatte keine andere Wahl, als mir die schlimme Geschichte seines ruinierten Lebens anzuhören.

Seiner eigenen Erzählung nach war er ein reichlich ungebärdiger Junge, der nichts lernen wollte und seine liebevolle, aber schwache Mutter tyrannisierte. Mit siebzehn sah er in der Kirche ein junges Mädchen und verliebte sich in sie mit der ganzen Intensität seines unbeherrschten Wesens. Da sich die Mutter seinen Heiratswünschen widersetzte und sie als jungenhafte Torheit abtat, begann er zu trinken, um sie zu »ärgern«. Als das Mädchen plötzlich starb, lief er, halb verrückt vor Schmerz, mit achtzehn Jahren von zu Hause weg und trat in den Dienst der Hudson Bay Company. Dort blieb er mehrere Jahre und trat nur deshalb wieder aus, weil ihn selbst das gesetzlose Leben der Pelzhändler zu sehr einengte. Mit etwa siebenundzwanzig Jahren trat er in den Dienst der Regierung der Vereinigten Staaten und wurde einer der berühmten Indianer Scouts auf den Plains, vollbrachte die kühnsten Taten und einige der blutigsten Untaten. Einiges hatte ich vorher schon gehört, aber noch nie so schrecklich erzählt. Nach mehreren Jahren im Dienst der Regierung war er schließlich im ganzen Westen bekannt und gefürchtet, weil er sich durch jede Kleinigkeit beleidigt fühlte und schnell zum Revolver griff. Selbst in dieser schwarzen Stimmung noch eitel, erzählte er mir, wie er durch die Camps geritten sei: in der typischen Kleidung des Scouts, mit einer roten Schärpe um den Leib und sechzehn goldenen Locken, die ihm über die Schultern hingen; damals hätten ihn die Frauen vergöttert, und er selbst habe sich auch in seinen schlimmsten Zeiten anständigen Frauen gegenüber immer ritterlich benommen. Als Scout und bewaffneter Begleiter von Einwanderertrecks beging er offensichtlich jede mögliche Bluttat, wurde von Jahr zu Jahr gewalttätiger und trank immer mehr Whisky. Da er hier in seiner Erzählung ein paar Jahre ausließ, habe ich den Verdacht, daß er sich in dieser Zeit einer Horde von Grenzräubern angeschlossen hatte, die immer wieder nach Kansas einfielen, um dort zu plündern und zu morden. Sein Ruf als gewalttätiger Mensch eilte ihm nach Colorado voraus, wo ihm seine Liebe zu den Bergen den Namen »Rocky Mountain Jim« einbrachte. Er besitzt einen Squatters claim und vierzig Stück Vieh; außerdem ist er ein erfolgreicher Trapper. Neid und Rachsucht lassen ihn jedoch nicht zur Ruhe kommen. Sowie er seine Pelze verkauft hat, geht er nach Denver, um dort große Summen für die verrücktesten Vergnügungen zu verschwenden und den Leuten mehr Angst und Schrecken einzujagen, als die berüchtigten Desperados »Texas Jack« und »Wild Bill«. Wenn er dann kein Geld mehr hat, zieht er sich bis zum nächsten Mal voller Haß und Selbstverachtung in seine Höhle in den Rocky Mountains zurück.

Natürlich kann ich Dir nicht alle Einzelheiten erzählen.

Seine Geschichte dauerte mehr als drei Stunden und sprudelte mit unbezähmbarer, mitreißender Wortgewandtheit hervor. Als es schließlich so heftig zu schneien anfing, daß er mich an einen geschützten Platz bringen mußte, von dem aus ich wieder zurückreiten konnte, hielt er sein Pferd an und sagte: »Nun haben Sie gesehen, wie ein Mensch sich selbst zum Teufel macht! Ich bin verloren! Dabei glaube ich an Gott und habe schreckliche Angst vor dem Tod. Sie haben an das Gute in mir gerührt, aber zu spät. Ich kann mich nicht mehr ändern. Wenn je ein Mann ein Sklave war, dann bin ich es. Kommen Sie mir nicht mit Sühne und Besserung. Ich kann mich nicht mehr bessern.« Und in einem fieberhaften Ton fügte er noch hinzu: »Wie konnten Sie bloß mit mir reiten? Sicherlich reden Sie von heute ab kein Wort mehr mit mir.« Er nötigte mir das Versprechen ab, zwei Dinge für immer geheimzuhalten, auch wenn er nicht mehr lebe, und ich versprach es ihm, denn ich hatte keine andere Wahl. Ich muß jedoch ständig daran denken. Es wäre mir lieber gewesen, er hätte mir die düsteren Seiten seines Charakters nicht enthüllt. Als ich ihn davonreiten sah, auf die Snowy Range zu, in der er für zwei Wochen im Freien kampieren will, tat er mir schrecklich leid.

Jetzt begann es wild zu schneien und zu stürmen. Ich verirrte mich, und als ich spät in der Dunkelheit zur Hütte zurückkam, fand ich sie leer vor, weil sich die beiden Jäger nach ihrer Rückkehr gleich auf die Suche nach mir gemacht hatten. Als der Schneefall etwas später nachließ, setzte eisiger Frost ein. Da mein Zimmer mit seinen unverputzten Wänden so gut wie im Freien liegt, muß ich des Nachts meinen Kopf in Decken hüllen, damit mir die Augenlider und die Nase nicht zufrieren.

Manchmal frage ich mich, ob ich mein Leben lang hier oben bleiben, Wäsche waschen, Brot backen und auskehren werde. Heute habe ich stundenlang das Wohnzimmer und die Küche geputzt, einen Weg durch den Müll im Gang gekehrt, abgewaschen, vier Pfund Biskuits und ein Menge

Brötchen gebacken, Töpfe und Pfannen gereinigt und meine Kleider gewaschen. Am Grunde des Butterfasses habe ich noch ein wenig Buttermilch gefunden, sicher volle sechs Wochen alt, die ich als Treibmittel für meine Brötchen verwende. Mr. Kavan nimmt für sein Brot dagegen etwas Wasser und ein wenig Mehl und stellt es zum Sauerwerden neben den Ofen, eine Methode, die großartig funktioniert.

Heute stellte ich eine höchst unbefriedigende Untersuchung über den Zustand meiner Kleider an. Vor fast drei Monaten bin ich mit wenigen Kleidern, keines davon neu, nach Colorado gekommen. Ein paar davon sind völlig zerlumpt, eines wurde von einem Kalb ruiniert, ein anderes mußte ich notwendigerweise in Putz- und Waschlappen umwandeln, und jetzt ist mein Vorrat auf zwei Kleider zusammengeschmolzen. Ich besitze nur noch ein einziges Taschentuch und ein Paar Strümpfe, die schon so oft geflickt wurden, daß von der ursprünglichen Wolle kein einziger Faden übriggeblieben ist. Da ich in Denver kein Geld bekommen konnte, stehe ich mit einem Paar Hausschuhen und einem Paar Überschuhen so gut wie ohne Schuhe da. Außer meinem schwarzen Seidenkleid habe ich nur noch ein altes Flanell-Reitkostüm, das inzwischen reichlich schäbig aussieht und so oft geflickt werden muß, daß ich mich manchmal zum Essen »fein« anziehe, um es den Abend über zusammenflicken zu können. Es ist schon eigenartig, daß ich mich dem bitterkalten Wind, mit Kältegraden um den Gefrierpunkt oder darunter, in genau der gleichen Kleidung stellen kann, die ich in den Tropen anhatte.

Unsere Arbeit haben wir jetzt besser verteilt. Mr. Buchan, der sehr zart gebaut ist, arbeitet nun etwas weniger. Du fragst Dich vielleicht, was drei Leute in der Wildnis schon viel zu tun haben können. Da sind zunächst einmal die Pferde, die wir im Corral halten; sie werden mit Hafer gefüttert und zweimal am Tag zur Tränke geführt. Die Hühner und die Hunde brauchen ihr Futter, die Kühe müssen gemolken werden. Dazu kommt noch das Brotbacken und das Kochen, außerdem müssen wir stets ungefähr wissen, wo das Vieh steckt, falls ein Schneesturm aufzieht. Wir müssen auch jeden Tag Holz hacken, da wir eine ganze Menge Feuerholz verbrauchen, und außer dem Kleiderwaschen und Flicken, das jeder von uns für sich selbst erledigt, gehen die beiden Männer noch auf die Jagd und zum Fischen. Schließlich gibt es noch die kranken Kühe, um die wir uns kümmern müssen. Als gestern eine davon unter großen Qualen starb, sah sie uns mit mitleiderregenden bittenden Augen an. Es machte uns einige Schwierigkeiten, den Kadaver zu beseitigen. Da die Kutschpferde in Denver waren, versuchten wir die anderen einzuspannen, um das tote Tier vom Haus wegzuziehen, aber sie fingen sofort an auszuschlagen und zu bocken. Es gelang uns schließlich, die Kuh aus dem Schuppen zu zerren. Wie Mr. Kavan vorausgesagt hatte, erschien in der Nacht ein Rudel Wölfe und ließ bis Tagesanbruch nur noch die Knochen übrig. Sie kamen so nahe an die Hütte heran, daß ich gut beobachten konnte, wie sie in einem einzigen Knäuel, mit furchterregendem Knurren, um die Beute kämpften. Diese Bergwölfe sind um einiges größer als die Präriewölfe, aber sicherlich genauso feige.

Heute morgen war alles wolkenverhangen und düster. Bevor der Schneesturm einsetzte, kamen siebenhundert Kühe und einige Pferde in langen Reihen aus den Tälern und Canyons zum Haus. Ihr Instinkt hatte ihnen geraten, den Schutz des Menschen aufzusuchen. Heute nachmittag war ich allein, als Mr. Nugent, den wir auf der Snowy Range glaubten, vorbeikam. Bleich und abgehärmt sah er aus und hatte einen schlimmen Husten. Er bot mir an, mich zu einem der großartigsten Canyon zu führen, was ich nicht ablehnen konnte. Wir ritten am Fall River entlang, dessen Verlauf von Bibern völlig verändert worden war. Biber sind wirklich hervorragende Ingenieure. An einer Stelle hatten sie einen Damm gebaut und damit einen See gestaut, an einer anderen Stelle hatten sie eine kleine Insel geschaffen. Ihre Vorratskammern für den Winter sind sorgfältig zugedeckt. Um diese Zeit dürften sie recht gut gefüllt sein. Wir sahen eine Menge Jungpappeln und Espen, mit Stämmen so dick wie mein Arm, die diese fleißigen Tiere gefällt und für den späteren Gebrauch liegengelassen hatten. Sie arbeiten alle zusammen, und immer nachts. Mit ihren langen scharfen Zähnen nagen sie die Bäume an, aber für ihre Maurerarbeiten benutzen sie ausschließlich ihren platten, kellenähnlichen Schwanz. Der Canyon sah großartig aus, trotzdem war es ein düsterer und trostloser Ritt. Unser Gespräch ein paar Tage zuvor wurde mit keinem Wort erwähnt. »Jims« Benehmen war zwar höflich, aber eiskalt. Eigentlich hatte er erst nach meiner Abreise von der Snowy Range zurückkehren wollen, sagte er, bevor ich zurückritt. »Jim« ist der geborene Schauspieler, und ich frage mich, ob er mir nicht kürzlich einfach einen Bären aufgebunden hat und mir ein wenig Angst einjagen wollte. Oder war es tatsächlich ein plötzlicher Ausbruch leidenschaftlichen Bedauerns über das Leben, das er so völlig verschwendet hat? Ich weiß es nicht, aber ich glaube eher, daß letzteres zutrifft. Vorsichtig ritt ich zurück, da mein Pferd, eine große Vollblutstute, drei lose Hufeisen hatte. Zweimal fiel sie mit mir hin, und bei der Überquerung des teilweise zugefrorenen Thompson stellte sie sich ungeschickt an. Im Vergleich zu Birdies kurzen Schrittchen genoß ich jedoch ihren weitausgreifenden Galopp auf der ebenen Grasfläche in vollen Zügen.

Freitag

An diesem trostlosen Tag ist alles Stein und Bein gefroren, und von Nordosten bläst ein kalter Wind. Die anhaltende Düsternis wirkt bedrückend, die ganze Landschaft ringsherum erscheint in Schwarz und Grau. Birdie und zwei andere Pferde sind uns durchgebrannt, und wir haben nichts, womit wir sie locken könnten. Der Corral wurde zwar gestern abend fest verschlossen, aber als die Wölfe nachts wieder ein Schlachtfest feierten, gerieten die Pferde vermutlich in Panik und sprangen über den Zaun. Auf der Suche nach ihnen verloren die Männer heute einen ganzen Tag. Bei ihrer Rückkehr erzählten sie mir, sie hätten Mr. Nugent in der Ferne gesehen. Offensichtlich hatte er so üble Laune, daß sie froh waren, als er nicht näher kam. Am späten Nachmittag fing ich eines der Pferde ein, als es am Hafersack herumschnupperte, und galoppierte in Begleitung der zwei großen Jagdhunde ein Stück den Longmount-Trail entlang. Als ich umkehrte, lag Estes Park im Abendschein vor mir, wie ich ihn zum ersten Mal im Herbst gesehen hatte. Jetzt flitzten jedoch keine Libellen mehr durch den Sonnenschein, die Pappeln hatten ihre letzten Goldblätter abgeschüttelt und die roten Weinranken waren kahl. Selbst der kleine Fluß hatte sein Murmeln aufgegeben und war zu Eis erstarrt. Nur ein paar verwelkte Blumenstengel kündeten noch von der kurzen Blütezeit im Sommer.

Seltsam, daß weder Evans noch Edwards zurückkommen. Die jungen Männer fangen langsam an zu murren, denn man hatte sie gebeten, etwa fünf Tage hier aufzupassen, und nun sind es schon fünf Wochen. Sie wollen möglichst bald in den Bergen auf die Jagd gehen, von der sie sich ja ernähren müssen. Zwei der Kälber werden wohl sterben und wir wissen nicht, wie wir ihnen helfen könnten. Sollte ein schwerer Schneesturm aufziehen, können wir unmöglich achthundert Stück Vieh hierhertreiben und durchfüttern.

SAMSTAG

Heute früh fiel Schnee und ausnahmsweise stürmt es nicht, so daß wir jetzt einen völlig neuen Ausblick auf eine weiße Welt genießen. Von Tag zu Tag gehen wir später zu Bett und stehen später auf. Heute saßen wir erst um zehn beim Frühstück. Das Pökelfleisch widert uns alle so an, daß wir gestern regelrecht froh waren, als es zu Ende ging, auch wenn wir nun ohne Fleisch dastehen, nach dem der Körper in diesem Klima einfach verlangt. Als ich dann in der Küche eine

Pfanne mit brutzelnden Wildsteaks vorfand, war ich ziemlich überrascht. Wir fielen wie die Halbverhungerten darüber her und genossen jeden Bissen. Bevor ich hier auftauchte, hatte einer der jungen Männer einen Hirsch geschossen, den sie in Denver verkaufen wollten. Den riesigen Körper mit den ausladenden Schaufeln hatten sie vor den Schuppen gehängt. Während meiner vergeblichen Versuche, etwas Pökelfleisch hinunterzuwürgen, hatte ich des öfteren sehnsuchtsvoll zu ihm hinübergeschaut. An diesem Morgen hatten die jungen Männer den nagenden Hunger noch stärker gespürt als ich, und da die Aussichten, den Hirsch auf ein Packpferd zu laden und nach Denver zu bringen, immer schlechter wurden, entschieden sie sich dafür, ihn an einer Seite anzuschneiden. Wir werden also ganz luxuriös speisen, solange der Vorrat reicht. Wir denken, daß Edwards in diesen Tagen zurückkommen wird, sollte er aber keine Lebensmittel mitbringen, wird unsere Lage langsam brenzlig. Wir haben kaum noch Backpulver und Mehl, der Kaffee reicht nur noch für eine Woche und meine Teevorräte sind bis auf weniges zusammengeschrumpft. Wir haben uns darauf geeinigt, sehr spät zu frühstücken und nur noch zweimal statt dreimal am Tag zu essen. Die jungen Männer gingen auf die Jagd, während es mir gelang, Birdie einzufangen und mit ihr vier andere Pferde in den Corral zu treiben.

Unsere Abende sind gesellig und angenehm. Gegen acht Uhr beenden wir unser Abendessen und machen ein Riesenfeuer. Die Männer rauchen, während ich an Dich schreibe. Später setzen wir uns dann alle ums Feuer (ich mit meiner endlosen Stopf- und Flickarbeit) und reden oder lesen uns abwechselnd etwas vor. Unsere augenblickliche Lage, die Frage, ob wir bald von hier erlöst werden, die Möglichkeit, bei unseren schwindenden Vorräten eingeschneit zu werden, die kranken Kälber, »Jims« neueste Laune und die möglichen Absichten eines Mannes, dessen Spur wir in der Nähe fanden und drei Meilen weit verfolgt haben – das sind die Themen, die uns oft beschäftigen und niemals langweilen.

BRIEF XV

Estes Park, November 1873

Letzte Nacht kam ein Trapper hier vorbei, der uns erzählte, Mr. Nugent sei krank. Am nächsten Morgen ritt ich daher nach dem Abwasch zu seiner Hütte, begegnete ihm aber in der Schlucht. Er sagte, er habe sich in den Bergen einen Schnupfen geholt, außerdem schmerze ihn eine alte Pfeilwunde in der Lunge. Wir unterhielten uns lange, ohne auf das frühere Thema zurückzukommen. Es ist schon traurig, daß ein Mann wie er in der Blüte seines Lebens ohne ein Heim und ohne Liebe in einer dunklen Höhle leben muß, in der ihm nur seine schlimmen Erinnerungen und ein Hund Gesellschaft leisten, den viele für das bessere Tier halten. Ich beschwor ihn, den Whisky aufzugeben, der sein Leben ruiniert. Seine traurige Antwort, die im Kern wohl etwas Wahres hat, war jedoch: »Ich kann den Whisky nicht aufgeben, ich bin mit Händen und Füßen daran gebunden – ich kann doch nicht mein einziges Vergnügen aufgeben.« Seine Auffassungen von Recht und Unrecht sind ausgesprochen seltsam. Er behauptet zwar, an Gott zu glauben, aber was er wirklich über ihn und seine Gesetze weiß und glaubt, ist mir unklar. Eine Beleidigung mit dem Revolver rächen, einem Kameraden treu sein und den letzten Bissen mit ihm teilen, sich anständigen Frauen gegenüber ritterlich benehmen, großzügig und gastfreundlich sein und kämpfend sterben – das ist sein Glaubensbekenntnis, das er vermutlich mit anderen Männern seines Schlages teilt. Evans haßt er leidenschaftlich, und dieser erwidert seinen Haß, da er von »Jim« schon zu oft provoziert wurde und ihn außerdem um die Faszination beneidet, die er auf die Fremden ausübt, die hier hinaufkommen.

Als ich durch die Schlucht zurückritt, die im tiefen Schatten lag, während Estes Park dort unten im Sonnenlicht badete, war der Ausblick großartiger als je zuvor. Über die majestätischen Canyons in ihrer dunkelblauen Düsternis erhoben sich die perlmuttfarbenen Gipfel in den Himmel. Werde ich mich je von hier losreißen können? Eigentlich müßte die Frage eher lauten: *Kann* ich je von hier wegkommen? Zur Zeit leben wir nach dem Motto: »Laßt uns heute noch essen und trinken, denn morgen müssen wir sterben.« Unsere Vorräte schmelzen immer mehr zusammen. Zwei Mahlzeiten am Tag erwiesen sich doch nicht als ökonomisch, da wir so hungrig sind, daß wir mehr essen als zuvor.

ESTES PARK, COLORADO, NOVEMBER

Wir haben jedes Zeitgefühl verloren und können uns nur darauf einigen, daß es Ende November sein muß. Unsere erzwungene Gemeinschaft ist sehr angenehm. Die beiden sind mir gegenüber unverändert höflich und rücksichtsvoll, davon abgesehen könnten wir auch drei Männer sein, die hier zusammenleben. Unsere Arbeit klappt wie am Schnürchen. Die einzige Schwierigkeit besteht darin, daß mich die Männer keine schweren Arbeiten, wie Wasser holen oder Pferde satteln, verrichten lassen wollen. Die Tage vergehen rasch; als ich heute dachte, es sei ein Uhr, war es schon halb vier. Wenn Du vor unserem schändlich späten Frühstück in unsere erbärmliche kleine Küche sehen könntest, würdest Du Dich wahrscheinlich köstlich amüsieren, denn während Mr. Kavan mit der Bratpfanne hantiert, um seine Hirschsteaks zu braten, mache ich den Abwasch und Mr. Buchan trocknet ab. Manchmal sind auch beide Männer am Herd beschäftigt, während ich den Boden fege. Das Thema Essen beschäftigt uns sehr, denn mit nur zwei Mahlzeiten am Tag haben wir stets einen Bärenhunger. Nach Sonnenuntergang macht sich jeder an seine »Pflichten«. Mr. K. hackt Holz, Mr. B. holt Wasser, ich wasche die Milchkübel aus und führe die Pferde zur Tränke. Am Samstag schossen die beiden ein Reh, aber als sie heute danach schauten, fanden sie nur noch seine Hinterläufe. Als sie den Spuren folgten, die, wie sie glaubten, zur Höhle des Räubers führen würden, stand plötzlich ein riesiger Berglöwe vor ihnen. Bevor sich die beiden Jäger von ihrem Schrecken so weit erholt hatten, daß sie auf ihn feuern konnten, war er jedoch schon auf und davon. Diese Löwen, die in Wirklichkeit zur Familie der Pumas gehören, sind so blutrünstig wie feige. Als kürzlich einer in das Schafgehege im St. Vrain Canyon einbrach, tötete er dreißig Schafe und saugte ihnen das Blut aus der Kehle.

November?

Heute war ein arbeitsreicher Tag, voll von kleinen Ereignissen. Von halb elf bis halb zwei war ich so beschäftigt, daß ich mich keine Minute hinsetzen konnte. Ich wusch eines von meinen beiden Kleidern, und obwohl ich sie niemals bügle, bleiche ich sie so lange, bis sie schneeweiß aussehen. Das Kleid hing also gerade an der Leine, als vom Long's Peak wütende Böen herunterkamen, daß ich mich draußen nicht mehr auf den Beinen halten konnte. Als der Sturm nachließ, war das Kleid in einzelne Streifen zerrissen. Hier oben lernt man, mit wie wenig man gemütlich und glücklich leben kann. Ich backte einen großen Gewürzkuchen und ein Brot, flickte mein Kleid wieder zusammen, unterzog das Haus einer Generalreinigung, schrieb ein paar Briefe in der Hoffnung, daß ich sie eines Tages auch abschicken kann, und unternahm einen herrlichen Spaziergang. Wir waren gerade eifrig damit beschäftigt, unser Abendessen vorzubereiten, als die Hunde wütend zu bellen anfingen. »Endlich ist Evans da«, riefen wir, aber wir täuschten uns. Mr. Kavan ging nach draußen und kam mit einem reichlich selbstsicheren jungen Burschen zurück, der uns erzählte, Evans habe ihn mit dem Wagen heraufgeschickt. Sieben Meilen von hier sei der Wagen dann in eine Schlucht gestürzt. Mr. K. und Mr. B. waren zu höflich, ihn zu fragen, was er hier eigentlich wolle, aber ich fragte ihn kühn danach. Zu unserer Bestürzung antwortete er, daß Evans ihn hier hochgeschickt habe, damit er sich sein Essen und seine Unterkunft verdiene. Scheinbar hatte er vorher an einem theologischen College studiert, sein Studium aber wegen seiner zarten Gesundheit aufgeben müssen. Seine Verpflegung ist für uns ein schweres Problem. Wir richteten ihm in der Küche eine Schlafstelle ein und wollen erst einmal sehen, wozu er eigentlich taugt, bevor wir ihm eine Arbeit übertragen. Daß er ausgerechnet hierher gekommen ist, hat uns alle verwundert, denn er scheint ein ziemlich oberflächlicher, arroganter junger Mann zu sein.

Wir haben beschlossen, daß heute der 26. November ist. Morgen wollen wir Thanksgiving mit einem großen Festmahl feiern. Unser »Gast« kam hier hoch, um es einmal mit dem Heilmittel »körperliche Arbeit« zu versuchen. Da er jedoch in der Stadt groß geworden ist, wird er vermutlich keinen Finger rühren. Er ist in dem Alter, in dem man alles Literarische noch faszinierend findet, und schreibt selbst Gedichte, die er mir heute vorlas, während ich mich mit der Arbeit abplagte. Hinterher wollte er auch noch meine Kritik hören. Der schreckliche Sturm letzte Nacht riß einige Löcher in das Schlammdach und trieb uns ständig feine Staubkörner ins Gesicht. Diesen Morgen kehrte ich vier Schaufeln davon aus meinem Zimmer. Trotz des Sturmes machten Mr. Kavan, Mr. Lyman und ich uns nach dem Frühstück mit den beiden Zugpferden zu der von dem jungen Mann beschriebenen Unglücksstelle auf. Als ich im Eilverfahren das Geschirr abgewaschen und alles weitere in größter Unordnung liegengelassen hatte, fühlte ich mich wie ein Dienstmädchen, das seinen freien Tag hat. Der Wagen war etwa in der Mitte eines steilen Abhangs von ein paar Bäumen aufgefangen worden und deshalb noch ziemlich heil. Da es mir zu kalt war, um abzuwarten, bis ihn die Männer hochgezogen und repariert hatten, ritt ich langsam zurück. Unterwegs begegnete mir Mr. Nugent in einer bitteren Laune, in der er alles und jeden haßte; er pries sich selbst als großzügigen und selbstlosen Menschen und hielt die Freundlichkeit anderer dagegen für egoistisch und berechnend. Er ist in der Tat für seine spontane Hilfsbereitschaft bekannt. Kürzlich wurde hier in der Nähe ein Kind krank, und obwohl viele der Männer nichts zu tun hatten und genügend Pferde vorhanden waren, erklärte sich nur der »Desperado« sofort dazu bereit, den sechzig Meilen entfernten Doktor zu holen. Als wir uns unterhielten, saß er auf dem Stein vor seiner Höhle und reparierte einen Sattel. Um ihn herum lagen Häute, Knochen und Schädel, und Ring beobachtete ihn mit eifersüchtiger Liebe.

Mr. Kavan holte mich bald ein. Auf den letzten beiden Meilen bis zur Hütte machten wir ein aufregendes Wettrennen und kamen gerade noch heim, bevor es zu schneien anfing.

Was wir stets befürchtet haben, ist eingetreten – ein Schneesturm mit Wind aus Nordost. Nachdem mein ganzes Bett mit Schnee bedeckt war, hörte es gegen Mitternacht auf zu schneien. Die Temperatur sank unter Null, und alles gefror. Ich taute eine Schüssel voll Wasser auf, um mich beim Feuer waschen zu können, aber es war sofort wieder festgefroren. Mein Haar, das gestern von geschmolzenem Schnee ziemlich naß geworden war, ist ebenfalls gefroren. Milch und Sirup sind steinhart, Eier bewahren wir auf dem kältesten Teil des Ofens auf, um sie flüssig zu halten. Im Schuppen sind zwei Kälber erfroren. Im Haus liegt dicker Schnee auf der Hälfte des Fußbodens, aber um die Tür zu öffnen und ihn nach draußen zu schaufeln, ist es viel zu kalt. Heute morgen um acht begann es erneut zu schneien. Der feine Pulverschnee, der durch die Ritzen hereingeblasen wird, während ich dies schreibe, legt sich auf mein Schreibpapier. Mr. Kavan sitzt mit meinem Tintenfaß neben dem Feuer und reicht es mir jedesmal herüber, wenn ich die Feder eintauchen muß. Der kleine See ist schon seit meiner Rückkehr so fest zugefroren, daß ein Wagen darüberfahren kann, aber heute gelang es uns nur noch durch ständiges Freihacken mit der Axt, das Wasserloch offenzuhalten. Wenn der Schnee nicht schmilzt, sind wir von der Außenwelt völlig abgeschnitten. Unsere Vorräte machen uns große Sorgen. Tee und Kaffee reichen gerade noch bis morgen, der Zucker ist verbraucht, das Mehl wird langsam knapp. Daß wir noch einen »Esser« mit durchfüttern müssen, erschwert die Lage zusätzlich, und unser Neuankömmling ist ein Vielfraß, der fast mehr ißt als wir drei zusammen. Wenn ich morgens schon seine hungrigen Augen sehe, mit denen er alles Eßbare auf dem Frühstückstisch taxiert: Einen Laib Brot vertilgt er ohne weiteres. Dafür hungert Mr. K., um unsere Vorräte zu schonen. Mr. B. geht es gar nicht gut, ihm graut vor der Aussicht auf »halbe Ration«. Das alles klingt lächerlich, aber wenn wir dem Hunger ins Gesicht schauen müssen, ist das bestimmt nicht sehr lustig.

Den ganzen Nachmittag verbrachten wir damit, unser Festessen für Thanksgiving zu bereiten. Ich kochte einen wundervollen Pudding, für den ich seit Tagen Eier und Rahm zurückgelegt habe; getrocknete und entsteinte Kirschen ersetzen die Rosinen. Anschließend gab es Hirschsteaks mit Kartoffeln. Unseren Tee mußten wir allerdings mit den Teeblättern von heute morgen zubereiten. Ich glaube, in ganz Amerika haben nur wenige Leute ihr Festmahl zu Thanksgiving mehr genossen als wir. Wir drängten Mr. Nugent, sich mit uns an den Tisch zu setzen, aber er lehnte die Einladung brüsk ab, was wir sehr bedauerten. Mein Vier-Pfund-Kuchen, den ich gestern noch gebacken habe, ist inzwischen bis zum letzten Krümel verschwunden! Dieser erbärmliche Junge gab zu, daß er in der Nacht aufgestanden ist und fast die Hälfte davon gegessen hat. Jetzt versucht er, mich dazu zu bringen, einen zweiten zu backen.

29. NOVEMBER

Bevor der Junge zu uns kam, hatte ich alten Cayennepfeffer mit Ingwer verwechselt und damit einen Kuchen gebacken. Letzten Abend stellte ich die Hälfte davon in den Schrank und ließ die Tür offen. In der Nacht hörten wir in der Küche ein heftiges Rumoren, Husten und Stöhnen, und beim Frühstück konnte der Junge sein Essen nicht mit der üblichen Gier hinunterschlingen. Nach dem Frühstück kam er wimmernd zu mir und bat um etwas Linderndes für seine Kehle. Er gab zu, daß er den Gewürzkuchen im Schrank gesehen habe, und da er in der Nacht »beinahe verhungert« sei, habe er ihn gegessen. Ich versuchte ihm klarzumachen, daß es niederträchtig ist, so viel zu essen und dabei so nutzlos zu sein. Er antwortete, er würde alles tun, um mir zu helfen, aber die Männer seien mit ihm so »streng«. Dabei haben die beiden mit dem Kerl eine wahre Engelsgeduld. Für uns ist er schon ein recht ärgerlicher Zuwachs, trotzdem muß ich immer wieder über ihn lachen. Er schreibt für zwei Zeitungen (das behauptet er wenigstens) und zeigt uns ewiglange Gedichte, die angeblich gedruckt wurden. In ein Gedicht hat er zwanzig Zeilen, ohne die geringste Änderung, aus ›Paradise Lost‹ übernommen. Mir gab er einen seiner Essays, mit dem Titel ›Die Funktion des Romanschriftstellers‹ zu lesen, der nichts weiter ist, als ein Mosaik aus Zitaten ohne Quellenangaben. Vor den Männern tat er sich damit groß, daß er auf dem Weg hierher bei Mr. Nugent Unterschlupf gesucht, seine Schlüssel gestohlen und alle seine Briefe gelesen habe. An seinem ersten Tag hier sagte er zu mir beim Abwaschen, er wolle alle Drecksarbeiten für mich erledigen. Daher ließ ich die Messer und Gabeln im Waschtrog liegen und bat ihn, sie abzutrocknen und zur Seite zu legen. Zwei Stunden später lagen sie immer noch im Wasser. Als die Männer das nächste Mal zum Jagen gingen, wollte er mir so viel Holz spalten, daß es für die nächsten Tage reichen würde. Nach ein paar Axthieben, die gerade so erfolgreich waren, daß einige Sägespäne abfielen, kam er jedoch wieder herein und spielte auf dem Harmonium, während ich noch nicht einmal genügend Feuerholz zum Kochen hatte. Danach gab er mit seinen Lassokünsten an, konnte aber noch nicht einmal das zahmste unserer Pferde einfangen. Das Schlimmste ist jedoch, daß er eine weiße Kuh nicht von einer gescheckten unterscheiden kann: Als er unsere Milchkuh zum Melken heimtreiben wollte, brannte sie ihm durch, und Mr. Kavan mußte stundenlang erfolglos nach ihr suchen. Heute erzählte uns Lyman nun triumphierend, er habe sie gefunden, daher schickten wir ihn los, um sie zu melken. Nach zwei Stunden kehrte er mit reumütigem Gesicht und ein paar Tropfen weißlicher Flüssigkeit im Eimer zurück und meinte, mehr Milch habe sie nicht abgegeben. Als Mr. K. nachsah, fand er heraus, daß er statt der weißen die gescheckte Kuh gemolken hatte, die schon seit dem Frühjahr trocken ist. Unsere Milchkuh hat sich unterdessen den wilden Kühen im Canyon angeschlossen. Lyman meinte daraufhin auch noch, er habe erwartet, hier oben von Milch leben zu können. Er nimmt sich alles ungefragt, es sei denn, ich verstecke es in meinem Zimmer. Vom Regal herunter hat er sich zwei Pfund getrocknete Kirschen geholt, und mein zweiter Vier-Pfund-Kuchen war schon halb verzehrt, bevor er abgekühlt war. In der Nacht hat er dann auch noch heimlich die Sauce ausgeleckt und den Pudding verschlungen, den es heute zum Abendessen geben sollte. Er gesteht jedoch alles freimütig und meint: »Sie halten mich wohl für eine ziemliche Zumutung.« Seine ersten Worte zu Mr. K. waren heute morgen: »Macht uns Miss B. heute wieder einen so guten Pudding?« All das ist ja noch harmlos, aber seine Unehrlichkeit und seine vielen abgeschriebenen Gedichte, die er als eigene ausgibt, stoßen mich ab und lassen sich mit seiner Behauptung, Theologiestudent zu sein, keineswegs in Einklang bringen.

30. NOVEMBER

Letzte Nacht blieben wir bis elf Uhr auf, so sehr vertrauten wir darauf, daß Edwards am Tag nach Thanksgiving zu uns heraufkommen würde. Heute morgen entschlossen wir uns jedoch, die Hütte zu verlassen. Wir haben keinen Tee, keinen Kaffee und keinen Zucker mehr, das Wildbret wird langsam schlecht, und den Männern bleibt nur noch ein

Monat für die Jagd, von der sie den ganzen Winter über leben müssen. Ich selbst kann das Territorium nicht verlassen, bevor ich mein Geld bekomme, aber ich kann nach Longmount reiten, nach der Post sehen und mich umhören, ob die Panik bald nachläßt. Gestern kamen die beiden Männer mit vierzig Pfund Forellen zurück, deshalb gab es ein Festmahl, um das uns selbst Epikur beneidet hätte. Diesmal wurde selbst Jung-Lyman satt, denn sooft er seinen Teller leerte, bekam er Nachschub. Die restlichen Forellen packten wir in Eis, um sie später zum Verkauf nach Denver schicken zu können. Im Winter ist die Ausbeute an Fischen sehr reichlich. Die Männer, die sich mit Fischen ihren Lebensunterhalt verdienen, gehen auch noch bei der grimmigsten Kälte, mit Axt und Campingdecke ausgerüstet, an einen der fünfzig zugefrorenen Seen in Estes Park. Dort suchen sie sich eine geeignete, etwas windgeschützte Stelle, hacken ein Loch ins Eis und hängen eine Made oder ein Stück Frischfleisch als Köder an den Haken. Oft werden die Forellen so schnell gefangen, wie ein neuer Köder auf den Haken gespießt werden kann. Wenn ein Sonnenstrahl in solch ein Eisloch fällt, dann sieht man dort unten ganze Fischschwärme. Manchmal bringen zwei Männer eine Tagesausbeute von sechzig Pfund Fisch mit nach Hause. Es ist jedoch ein reichlich kaltes Vergnügen. Über unsere mageren Vorräte, mit denen wir die köstlichsten Sachen zubereiten, würde vermutlich jeder Koch die Nase rümpfen. Wir besitzen nur einen Herd, bei dem ständig Feuerholz nachgelegt werden muß, einen Wasserkessel, eine große und eine kleine Pfanne und eine Flasche, die uns als Teigrolle dient.

Die Kälte war in den letzten Tagen besonders grimmig, aber mir machte das, selbst mit meiner dünnen Kleidung, nicht sehr viel aus. Jeden Abend erhitze ich einen kleinen Granitblock am Feuer, nehme ihn mit ins Bett, ziehe mir die Decke über den Kopf und schlafe volle acht Stunden, obwohl der Schnee mich oft völlig zudeckt. Die Tage, an denen es schneit, neblig und dunkel ist, sind ziemlich deprimierend. Gestern begann gegen fünf Uhr morgens ein Hurrikan. Ganz Estes Park war ein einziger Wirbel aus treibendem Schnee, der in den Augen brannte wie Holzrauch. In meinem Zimmer war alles weiß, und das kochendheiße Wasser, das ich aus dem dampfenden Kessel in mein Waschbassin goß, fror fast auf der Stelle. Als es dann zu schneien aufhörte und der Wind den Schnee in Wolken zu den Bergen hochwirbelte, sah der Long's Peak wie ein rauchender Vulkan aus. Heute habe ich alle Fenster geputzt. Seit ich hier bin, vermutete ich, sie seien aus getöntem Glas und deshalb so undurchsichtig.

1. Dezember

Heute hätte ich mich eigentlich auf den Weg nach Longmount machen sollen, wurde aber schon vom Schnee geweckt, der wie mit Nadeln in meine Hand stach. Wir standen alle früh auf, aber die Lage besserte sich erst gegen Mittag. Am Nachmittag ritten Lyman und ich zu Mr. Nugents Hütte, denn ich wollte ihn bitten, meinen Brief, in dem ich unseren Aufstieg zum Long's Peak schildere, zu korrigieren. Mr. Nugent benahm sich so zuvorkommend und höflich, daß wir den ganzen Nachmittag über blieben. Lyman will daraus Kapital schlagen und einen Bericht über den berühmten Desperado an eine Zeitung schicken. Das Innere der Höhle sah erschreckend aus, jedoch in dieser düsteren und abscheulichen Umgebung kamen »Jims« gutes Benehmen und seine faszinierende Art zu sprechen nur noch mehr zur Geltung. Ich las ihm meinen Bericht über den »Aufstieg zum Long's Peak« vor und wartete gespannt auf seine Kritik. »Jim« ist ein wahres Kind der Berge. Seine Augen begannen zu glänzen, sein Gesicht strahlte, und als ich von dem wunderschönen Sonnenaufgang vorlas, liefen ihm schließlich Tränen die Wangen herunter. Danach las er uns einen sehr klugen Bericht über Spiritismus vor, an dem er gerade schrieb. Die Höhle war dunkel und voll Rauch;

Heuballen, alte Decken, Häute, Knochen, Blechbüchsen, Holzblöcke, Pulverhörner, Magazine, alte Bücher, alte Mokassins, Hufnägel und Relikte aller Art waren auf dem Boden verstreut.

Bei unserem Rückritt in der Dämmerung riß uns eine Strumböe fast vom Pferd. Ich hatte mich am Morgen erkältet und glaubte, ich müsse mich ins Bett legen, aber die Männer brachten mich mit einem bewährten Trapperheilmittel – ein Glas heißes Wasser mit einer Prise Cayenne – schnell wieder auf die Beine. Die beiden sind wirklich sehr freundlich. Falls der Schnee mich hier festhält, wollen sie ebenfalls bleiben. Als ich hier ankam, gestanden sie mir, waren sie zunächst entsetzt, da sie befürchteten, daß sie es mir nicht gemütlich machen könnten und daß ich nicht daran gewöhnt sei, irgend etwas für mich selbst zu tun. Wenn das Wetter mitmacht, unternehme ich morgen einen Ritt von hundert Meilen. Mein nächster Brief wird dann mein letzter aus den Rocky Mountains sein.

BRIEF XVI

Dr. Hughes, Lower Canyon, 4. Dezember 1873

Am Dienstag standen wir alle auf, bevor es dämmerte, und frühstückten um sieben. Es war seit einigen Wochen das erste Mal, daß ich wieder miterlebte, wie sich der Morgenhimmel von bernsteinfarben in glutrot färbte. Der Wind kam von Westen, das hielten wir alle für vielversprechend. Ich nahm zwei Pfund Gepäck, den Postsack, ein paar Rosinen und unter dem Sattel eine weitere Decke mit. Von der M'Ginns Schlucht aus blickte ich noch einmal auf Estes Park zurück, auf mein großartiges, einmaliges und einsames Heim in den Bergen, das weit unter mir in einem roten Schleier lag. Vor mir ging die Sonne glutrot auf. Hätte ich gewußt, was das bedeutet, wäre ich sofort wieder umgekehrt. Plötzlich war ich von dichtem Nebel eingehüllt. Um schnellstens aus dieser Nebelwand herauszukommen, setzte ich Birdie in Galopp; der Nebel wurde jedoch immer dichter, und so konnte ich nur in leichtem Trab weiterreiten. Ungefähr vier Meilen von Evans Haus entfernt erschienen plötzlich direkt vor mir die Umrisse einer menschlichen Gestalt, riesig wie ein Brockengespenst. Ich sah langes, schlohweißes Haar, gleichzeitig ging ein Pistolenschuß dicht an meinem Ohr vorbei. Jetzt erkannte ich »Mountain Jim«, der mit seinem vom Schnee weißen Haar hundert Jahre älter wirkte. Dies war wohl einer der grimmigen Späße eines »Desperado«, und ich hielt es für das beste, es als Spaß zu akzeptieren, obwohl ich allen Grund gehabt hätte, böse zu sein. Er schimpfte, wütete und zerrte mich von meinem Pony, denn meine Hände und Füße waren von der Kälte ganz taub; dann nahm er Birdie am Zügel und verschwand mit so schnellem Schritt, daß ich hinterherrennen mußte, um die beiden in der Dunkelheit nicht aus den Augen zu verlieren. Plötzlich standen wir vor seiner Hütte, wo mich der gute alte Ring, ganz in Weiß gehüllt, freudig begrüßte.

Der »Grobian« bestand darauf, daß ich hereinkam; er machte für mich ein riesiges Feuer, kochte mir Kaffee und schimpfte dabei ununterbrochen. »Ich habe schon manchen Narren erlebt«, wetterte er, »aber keiner war so verrückt wie Sie – Sie haben doch keinen Funken Verstand. Bei dem Wetter würde noch nicht einmal ein alter erfahrener Trapper wie ich in die Plains hinunterreiten«, worauf ich ihm antwortete, daß er das sowieso nicht könnte, selbst wenn er wolle, da er ja seine Pferde freigelassen hatte. Daraufhin mußte er herzlich lachen, und als ich ihm die Geschichten von Jung-Lyman erzählte, lachte er noch herzlicher, so daß ich mir nicht mehr so sicher bin, ob alle seine rabenschwarzen Launen der letzten Zeit auch wirklich echt waren.

Er brachte mich auf den Pfad zurück, und damit endete unser Gespräch, das mit einem Pistolenschuß begonnen hatte, doch noch recht freundlich. Es wurde ein unheimlicher, wenn auch nicht sehr gefährlicher Ritt, den ich nicht so schnell vergessen werde. Jeder Baum war versilbert, und die mit Schnee umhüllten Tannennadeln wirkten wie weiße Chrysanthemen. In den Schluchten lag der Schnee einen Fuß tief, überall sah man die Spuren unzähliger Vögel und Tiere. Über den Wildbächen, die ich oft überquerte, ohne es zu wissen, hatten sich Eisbrücken geformt. Im wogenden Nebel wirkten die Schluchten wie bodenlose Abgründe, und zwischen den Wolken wurden hin und wieder einer der wild gezackten Berggipfel für Sekunden sichtbar. Etwas Riesiges kam plötzlich mit wildem Flügelschlag auf mich zu. Als es knapp über meinem Kopf hinwegflog, sah ich meinen ersten Bergadler, mit einem ziemlich großen Beutetier in den Krallen. Die nächsten Meilen ritten wir im Eisregen durch verzauberte Schluchten, in denen eine unheimliche Ruhe herrschte. Der Wind drehte von Ost nach Nordost. Birdie war von oben bis unten mit Eiskristallen bedeckt; ihre lange Mähne war schneeweiß. Der Nebel wurde immer dichter, der Tag immer stürmischer und kälter und die Schneewehen immer tiefer; trotzdem machte Birdie, die mich auf ihren vier unermüdlichen Beinen bereits über sechshundert Meilen weit getragen und in jeder schwierigen Situation bewiesen hatte, was sie wert war, keinen einzigen falschen Schritt.

In einem Haus, dreizehn Meilen von Longmount entfernt, hielt ich an, um für Birdie Haferflocken zu kaufen. Ich war von Kopf bis Fuß schneeweiß, meine Kleider waren steif gefroren. Von der Dame des Hauses hörte ich deshalb die hier übliche Einladung: »Legen Sie doch die Füße in den Ofen.« Ich konnte meine Kleider abtauen und trocknen und bekam ein köstliches Mahl vorgesetzt. Meine Gastgeber meinten, auf den Plains sei das Wetter noch viel schlimmer, da der Sturm aus östlicher Richtung komme. Trotzdem ritten wir um halb drei Uhr weiter. Kurz darauf begegnete uns Edwards, der sich schließlich und endlich doch noch nach Estes Park aufgemacht hatte. Als wir die Plains erreichten, begann der Schneesturm erst richtig, oder besser gesagt, wir ritten mitten hinein, denn hier auf der Prärie wütete er schon seit mehreren Stunden. Da ich jedoch nur noch acht Meilen von Longmount entfernt war, drängte ich weiter. Bald blies mir ein wahrhaft furchterregender Oststurm entgegen. Der Schnee fiel so dicht, daß man alles wie im Dämmerlicht sah, und die nadelspitzen, harten Eiskristalle, die mir der wütende Sturm ins Gesicht peitschte, stachen mir buchstäblich die Haut blutig und brachten die Augen zum Tränen. Schnell waren meine Lider zugefroren. Du kannst Dir nicht vorstellen, wie mir zumute war. Um wenigstens ein Auge wieder freizukratzen, mußte ich den Handschuh ausziehen, gegen das andere schlug der Sturm so unerbittlich, daß ich es lieber zugefroren ließ und das Flanelltuch, das mein Gesicht schützte, doppelt darüberzog. Es gelang mir nur mit Mühe, das andere Auge offenzuhalten, obwohl ich das Eis ständig mit meinen tauben Fingern wegkratzte, wobei ich mir auf dem Handrücken ein paar leichte Frostbeulen zuzog. »Wenn wir nun nach Süden, statt nach Osten reiten?« ging es mir immer wieder durch den Kopf. »Was wird, wenn Birdie versagt? Was, wenn es dunkel wird?« Es gelang mir zwar, die

Angst abzuschütteln und guten Muts zu sein, aber ich wußte genau, daß in solchen Stürmen schon mancher umgekommen ist. In einer halben Stunde würde es völlig dunkel sein; sollten wir Longmount bis dahin nicht erreicht haben, würde ich höchstwahrscheinlich erfrieren oder vor Kältestarre vom Pferd fallen. Eine Viertelstunde später sah ich zu meinem Erstaunen, ganz nahe und halb unter Schnee begraben, die weit verstreuten Häuser und die Lichter von Longmount. Wie willkommen war mir jetzt diese leblose, breite, öde Straße! Ich war vor Kälte so starr, daß ich vor dem Hotel nicht absteigen konnte, aber der Wirt hob mich aus dem Sattel und trug mich hinein. Da sie für heute keine Gäste erwartet hatten, brannte nur in der Bar ein Feuer; so nahmen sie mich in ihr eigenes Zimmer mit und setzten mich dort mit einem heißen Getränk, und in mehrere Decken gehüllt, vor den Ofen. Nach einer halben Stunde hatte ich mich erholt und war bereit, ein riesiges Mahl zu verspeisen. »Wenn heute nacht ein Reiter in der Prärie ist, dann steh Gott ihm bei«, hatte der Wirt noch kurz vor meiner Ankunft zu seiner Frau gesagt.

Etwas später suchte ich Evans auf, den der Sturm hier festgehalten hatte, und diesmal – das muß ihm in diesen Zeiten hoch angerechnet werden – bekam ich mein Geld zurück. Nach einem tiefen und erfrischenden Schlaf, wie man ihn nur in diesem großartigen Klima findet, war ich zu einem frühen Aufbruch bereit. Wegen meiner gestrigen Erfahrungen wartete ich jedoch bis zwölf Uhr ab, wie sich das Wetter entwickeln würde. Die Luft war völlig klar, das Thermometer stand auf 27 Grad unter Null! Der Neuschnee funkelte und knirschte unter meinen Füßen. Ich kaufte für mich eine Wollweste und dicke Socken und für Birdies Hinterbeine ein paar robuste Schneeschuhe. Nachdem ich mit meinen Freunden geplaudert und für die Männer in Estes Park noch ein paar Dinge erledigt hatte, trödelte ich nur noch herum, weil ich abwarten wollte, bis mir ein Planwagen den Weg bahnte. Die guten Neuigkeiten in Deinen Briefen ermunterten mich jedoch so sehr, daß ich alleine losritt. Dabei kam mir jener trostlose heiße Tag wieder in den Sinn, an dem ich mit den Hughes hier eingetroffen war. Die Zeitungen mit ihrem unerträglichen Persönlichkeitskult haben mich und meine Reitkünste inzwischen so berühmt gemacht, daß jeder eine Unterhaltung mit mir anfängt. Vermutlich um herauszufinden, was ich wohl für ein Ungeheuer bin.

Das Leben, das die Hughes hier im Canyon führen, ist noch immer nicht leichter geworden, und das Wetter sorgt für weitere Schwierigkeiten. Der Ofen muß jetzt im Wohnzimmer stehen, und die Kinder können nicht ins Freie. Es ist für sie nicht so einfach, den ganzen Tag über mit vier Erwachsenen zusammengesperrt zu sein, so lieb sie alle miteinander sind. Mrs. Hughes mit ihrer zarten Gesundheit macht es viel Mühe, vor jeder Mahlzeit sämtliche Lebensmittel aufzutauen. Was nicht auf den Ofen gestellt wird, gefriert augenblicklich. Hier unten in den Foot Hills ist es langweilig. Ich sehne mich schon wieder nach dem Rauschen des Windes, den riesigen Berggipfeln, den mächtigen Fichten, nach den Nachtgeräuschen der wilden Tiere und dem freien und fröhlichen Leben in meinem unvergleichlichen Adlerhorst. Daß der zugefrorene Fluß vor dem Haus derselbe sein soll, der durch Estes Park hindurchbraust und von den Schneegipfeln des Long's Peak kommt, ist kaum zu glauben.

ESTES PARK, 7. DEZEMBER

Gestern morgen war das Quecksilber im Thermometer völlig verschwunden; es waren also mindestens dreißig Grad unter Null. Die Kälte hielt mich die ganze Nacht über wach, aber als ich heute morgen um halb sechs aufstand, fühlte ich mich trotzdem erfrischt. Zum Frühstück aßen wir Büffelfleisch, und als ich losritt, begleiteten mich Dr. Hughes und ein Bekannter die ersten fünfzehn Meilen. Es machte mir riesigen Spaß, in der berauschenden Luft und dem unbeschreiblich herrlichen Sonnenschein mit den anderen um die Wette zu galoppieren, wobei die Pferde den Pulverschnee wie Staub aufwirbelten. Auf der Ranch, auf der wir kurz Rast machten, amüsierte ich mich über einen alten Trapper, der Estes Park im Winter für unerreichbar hielt. Ich bat die beiden Männer, mich noch bis zum Devil's Gate zu begleiten, aber ihre Pferde waren zu erschöpft. Als der alte Trapper das hörte, rief er indigniert: »Was? Diese Frau will ganz alleine in die Berge gehen? Sie wird sich verirren und erfrieren!« Aber als ich ihm erzählte, daß ich bereits am Dienstag im Schneesturm auf diesem Pfad hergekommen und insgesamt schon sechshundert Meilen weit durch die Berge geritten war, behandelte er mich mit großem Respekt. Er überreichte mir ein paar Streichhölzer mit den Worten: »Sie werden im Freien übernachten müssen, da sollten Sie besser ein Feuer machen, damit Sie nicht erfrieren.« Die Idee, ganz allein im Wald bei einem Campfeuer zu übernachten, erschien mir jedoch ziemlich grotesk.

Erst um ein Uhr ritten wir weiter. Die beiden Herren begleiteten mich noch die ersten beiden Meilen der Strecke, auf der man den Little Thompson achtzehnmal überqueren muß. An einigen Stellen, die selbst ich für schlimm hielt, brachen die Pferde durch die Eisdecke und kämpften sich nur mit Mühe wieder heraus. Einer der Herren, der zwar vielseitig gebildet, aber kein guter Reiter war, blieb ein- oder zweimal mit ängstlichem Gesicht am Ufer stehen und traute sich nicht, sein Pferd aufs Eis zu treiben. Nachdem sie sich von mir verabschiedet hatten, stieß ich nach sechs Meilen auf den alten Pfad. Obwohl uns niemand eine Spur gebahnt hatte und Birdie des öfteren bis zum Hals in einer Schneewehe verschwand, zeigte sie so viel Mut und Tatkraft, daß wir, statt die Nacht an einem Campfeuer zu verbringen, Mr. Nugents Hütte schon eine Stunde nach dem Dunkelwerden erreichten. Da Birdie so erschöpft war, daß sie kaum noch vorwärts kam, ging ich bis zur Hütte zu Fuß. Durch die Ritzen schien Licht; da ich drinnen jedoch Stimmen hörte, wollte ich mich gerade wieder zurückziehen, als Ring zu bellen anfing. Als sein Herr an die Tür kam, wurde mir klar, daß der einsame Mann mit seinem Hund geredet hatte. Er hatte nach mir Ausschau gehalten und für mich einen Kaffee und ein großes Feuer vorbereitet.

Das letzte Wegstück war unheimlich. Ich ritt durch stockdunkle Nacht und hörte die seltsamsten Geräusche. Als ich bei Evans ankam, rannte Jung-Lyman heraus und nahm mir das Pferd ab. Das Licht und der herzliche Empfang waren erfreulich, aber irgendwie hatte sich die Atmosphäre hier oben verändert. Evans, der bis zum Hals in finanziellen Schwierigkeiten steckt, ist zwar so großzügig und herzlich wie immer, aber Edwards, der jetzt die Leitung übernommen hat, ist ein sparsamer, wenn nicht gar knausriger Mensch. Er meint, wir hätten die Vorräte in verantwortungsloser Weise aufgebraucht.

Gestern nachmittag kam ein gutaussehender Fremder zu Besuch. Er war so um die Vierzig und bestens angezogen; sechzehn goldblonde Locken fielen auf seinen Kragen. In diesem Gentleman erkannte ich erst auf den zweiten Blick unseren gefürchteten »Desperado«. Als ihn Evans höflich einlud, mit uns zu essen, legte er die besten Tischmanieren an den Tag, obwohl er für gewöhnlich wie ein Wilder haust und ißt. Mir fällt auf, daß sich Evans in »Jims« Gesellschaft unbehaglich fühlt, während dieser sich steif und höflich gibt. Ich fürchte, daß ein unterschwelliger Haß auf beiden Seiten der Grund für dieses Benehmen ist.

Als ich heute nach dem Mittagessen in der Küche einen Pudding kochte, verzehrte Jung-Lyman wie üblich sämtliche Reste. Mr. Kavan und Mr. Buchan kamen vom Fluß herauf, um mir Lebewohl zu sagen. Sie erzählten mir, daß es hier jetzt nicht mehr sehr gemütlich sei, und erinnerten sich an die »schöne Zeit«, die wir miteinander verbracht hatten. Da Lyman die Kuh verloren hat, gibt es keine Milch mehr, niemand bäckt Brot und das Wildbret wird in kleine Stücke geschnitten und getrocknet. Eine Mahlzeit zubereiten scheint jetzt eine schwierige und lästige Arbeit zu sein, während wir so viel Spaß damit hatten. Nach dem Tee erzählte mir Evans von all seinen Sorgen und Nöten. Mit seinem Mangel an Prinzipien ist dieser freundliche, großzügige, herzliche, vertrauensvolle Mensch wohl nur sein eigener Feind. Ich habe das traurige Gefühl, daß eine sehr ungewisse Zukunft auf ihn wartet.

BRIEF XVII

CHEYENNE, WYOMING, 12. DEZEMBER 1873

Der letzte Abend kam heran. Als ich zu den im Mondschein glitzernden Schneegipfeln hinaufschaute, wollte ich es nicht wahrhaben. Bis zum nächsten Mai wird man in Estes Park wohl keine Frau mehr sehen. Jung-Lyman sprach in hochtrabenden Worten, aber mit einem Körnchen Wahrheit darin, vom Einfluß, den die Präsenz einer Frau auf Männer habe. Jegliches »vulgäre Geschwätz« sei bei meiner Rückkehr sofort verstummt, sie hätten sich alle »zusammengerissen«. »Im Mai«, fügte er noch hinzu, »werden wir Männer hier oben verroht sein, wenigstens was unsere Manieren angeht.«

Um elf Uhr ritt ich mit Birdie los. Evans, der mich bis zu Mr. Nugents Hütte begleitete, erzählte mir unterwegs so viele Dinge, daß ich ganz vergaß, mich vom Hügel aus noch einmal umzudrehen. Es wäre auch gar nicht nötig gewesen, da ich in der Erinnerung alles mit mir nehme. Wenn sich Mr. Nugent nicht angeboten hätte, mich zu begleiten, wäre ich kaum in der Lage gewesen, von hier fortzukommen. Evans meinte, ich sei bei niemandem sicherer als bei »Mountain Jim«, und fügte hinzu: »Er hat ein gutes Herz und ist sich selbst der schlimmste Feind, aber in den letzten vier Jahren hat er ein recht ruhiges Leben geführt.« Vor »Jims« Höhle nahm ich Abschied von Birdie, die mir auf einer Reise von über siebenhundert Meilen eine treue Gefährtin gewesen ist, und von Evans, der mich stets mit großer Freundlichkeit behandelt hat und mir in diesem Augenblick auch noch den letzten Dollar zurückgab, den er mir schuldete. Da Evans sofort wieder umkehren mußte, übergab er mich an Mr. Nugent, und zum Abschied schüttelten sich die beiden Männer freundlich die Hand.*

* Ein paar Monate später fiel »Mountain Jim« durch Evans Hand, der auf

Auf dem Boden der Blockhütte lag eine riesige Ausbeute an Biberfellen. Das schönste davon, das mausgraue Fell eines jungen Bibers, wählte der Trapper aus und gab es mir als Geschenk. Ich ritt auf seiner schönen Araberstute, deren federnder und weit ausgreifender Gang nach Birdies kurzen Schrittchen eine Erholung war. Wir schlugen keinen der bekannten Pfade ein, sondern ritten mitten durch den Wald. An einer Stelle sahen wir durch eine Öffnung in den Foot Hills hindurch die mit Schnee bedeckte Prärie, die sich bis zum Horizont erstreckte; da die Oberfläche in der Sonne geschmolzen und wieder gefroren war, spiegelte sie das Blau des Himmels wie eine riesige Wasserfläche. Wenn ich nicht so sicher wüßte, daß dort die Prärie liegt, hätte ich geglaubt, den Ozean zu sehen. »Jim« verkürzte mir die Zeit, indem er Gedichte vortrug und mich in eine ernste Unterhaltung verwickelte. Er erzählte mir, daß er sich niemals schlafen legt, ohne vorher ein Gebet zu sprechen – ein Gebet, in dem er Gott vor allem um einen friedlichen Tod bittet.

Im St. Vrain Canyon übernachteten wir bei dem jungen Mann, von dem ich Dir schon erzählt habe. Sein Haus ist wirklich mustergültig sauber. Was er benutzt, wird anschließend sofort wieder gesäubert, daher ist nie etwas schmutzig. Sein Ofen und das Kochgeschirr sahen wie poliertes Silber aus. Es amüsierte mich, die beiden Männer über die verschiedenen Arten des Brot- und Kuchenbackens reden zu hören. Jeder schrieb für den anderen ein Rezept auf. Es war schon fast bitter zu sehen, daß ein Mann, der völlig für sich allein lebt, ein Haus so gemütlich machen kann. Sie erhitz-

ihn schoß, als er an seiner Hütte vorbeiritt. Die vorangegangenen Wochen waren düster, traurig und unheilverkündend gewesen. Ich halte es für das beste, keine der fünf Versionen wiederzugeben, die man sich über die Tat selbst und über die unmittelbaren Ursachen erzählt. Dazu ist die Tragödie zu schmerzlich. »Jim« lebte noch lange genug, um seine eigene Aussage zu machen und Gott um Gerechtigkeit zu bitten, aber er starb im Delirium, noch ehe der Fall vor einen menschlichen Richter kam.

ten einen Stein für meine Füße, wärmten meine Schlafdecke und legten genügend Holz nach, damit das Feuer über Nacht nicht ausging, denn draußen war es eiskalt. Nach dem Abendessen benötigte der junge Mann für das Abwaschen und Abtrocknen zehn Minuten und hatte anschließend den ganzen Abend Zeit zum Rauchen und Nichtstun. Eine Frau hätte dafür vermutlich bis zehn Uhr nachts in der Küche »herumgewerkelt«. Außer Ring und einem riesigen Hund, der ebenfalls um Aufmerksamkeit bettelte, gab es in der Hütte noch zwei große Katzen, die den ganzen Abend über auf den Knien ihres Herrn saßen. So kalt es draußen auch war, durch die verputzten Wände hielt sich die Wärme drinnen gut. Doch fehlte mir der freie Durchzug von frischer Luft, an den ich so gewöhnt war.

Sobald am nächsten Morgen die Sonne aufgegangen war, brachen wir zu unserem Dreißig-Meilen-Ritt auf, den wir beinahe im Schrittempo hinter uns bringen mußten, da eines der Pferde mit meinem Gepäck schwer beladen war. Ich wollte nicht wahrhaben, daß es mein letzter Ritt durch die Rocky Mountains war, mit einem der Jäger und Trapper, denen ich zu vertrauen gelernt hatte und die ich in gewisser Weise auch bewunderte. Kein Jägerlatein mehr am lodernden und krachenden Campfeuer, und keine haarsträubenden Geschichten von Indianern und Grizzlybären. Der St. Vrain war zugefroren bis auf eine unangenehme schmale Lücke in der Mitte. Mr. Nugent trieb die verängstigten Pferde hindurch, während ich den Fluß auf einigen Baumstämmen weiter unten überquerte und sie wieder einfangen mußte, als sie zitternd vor Angst ans Ufer sprangen.

Bei Sonnenuntergang erreichten wir eine Ansammlung von Häusern, die sich Namaqua nannte. Zu meiner Bestürzung erfuhr ich dort, daß in dem einzigen kleinen Gasthof, in dem wir in St. Louis absteigen wollten, ein Tanz stattfinden sollte. Ich nahm an, daß ich bei dem Krach keine Ruhe und keinen Schlaf finden würde, meine schlimmste Befürchtung war jedoch, daß »Jim« sich mit jemandem streiten und seine Pistole gebrauchen könnte. Er hatte mir erzählt, daß er letzte Nacht im Traum einen Mann wegen einer »unfreundlichen Bemerkung« erschießen mußte! Als wir an dem seltsamen kleinen Gasthof in St. Louis ankamen, wurden wir mit größter Freundlichkeit empfangen. Man sagte uns, daß wir nach dem Abendessen die Küche für uns allein hätten. In der Küche stand die Wirtin, eine ziemlich korpulente, große und tüchtige Frau. Sie war Witwe, machte aber den Eindruck, als würde sie mit ihren männlichen Gästen und allem übrigen spielend fertig. Außer der Wirtin und ihrer Schwester, die ebenfalls robust wirkte und einen riesigen Dutt auf dem Kopf hatte, waren in der Küche noch zwei ungezogene Kinder, die ununterbrochen heulten. Zum Sitzen gab es nur einen einzigen Stuhl, der neben dem Herd stand, auf dem das Abendessen für zehn Männer zubereitet wurde. Das geschäftige Durcheinander und das Klappern der Töpfe und Pfannen waren unbeschreiblich, gleichzeitig hatte die Wirtin hundert Fragen an mich und schien den gesamten Raum auszufüllen. Die einzige Übernachtungsmöglichkeit für mich war ein Strohlager in einem winzigen Raum, den ich mit den beiden Frauen und den Kindern teilen mußte. Waschen konnte ich mich nur in einer Schüssel in der Küche. Bis zum Abendessen saß ich neben dem Herd; nach der Ruhe von Estes Park fand ich all den Krach und die Geschäftigkeit um mich herum sehr ermüdend. Die Wirtin fragte mich mit großem Eifer, wer denn mein Begleiter sei. Die Männer draußen hätten behauptet, es sei »Rocky Mountain Jim«, aber das könne sie nicht glauben. Als ich ihr antwortete, daß die Männer recht hätten, rief sie: »Was Sie nicht sagen! Dieser ruhige und freundliche Gentleman!« Früher hatte sie ihren Kindern immer damit gedroht, daß »Rocky Mountain Jim« einmal in der Woche aus den Bergen herunterkäme, um sich ein böses Kind zum Verspeisen zu holen! Sie war so stolz, ihn in ihrem Haus zu haben, als wäre er der Präsident der Vereinigten Staaten, und auch auf mich fiel noch ein bißchen von seinem Glanz. Alle Männer des Ortes versammelten sich im Vorzimmer, in der Hoffnung, daß »Jim« zum Rauchen herauskäme. Als er aber in der Küche blieb, versammelten sie sich am Fenster oder im Gang, um ihn von dort aus sehen zu können. Die Kinder setzten sich auf seine Knie, und zu meiner großen Erleichterung sorgte er dafür, daß sie ruhig und zufrieden waren. Zum Entzücken der beiden Frauen, die kein Auge von ihm wandten, ließ er die Kinder mit seinen Locken spielen. Als endlich das übelriechende Abendessen serviert wurde, kamen die zehn Männer herein und verschlangen es schweigend, wobei sie »Jim« unentwegt anstarrten. Wie die Wirtin versprochen hatte, war die Küche um acht Uhr geräumt, und wir hatten sie bis Mitternacht für uns. Von der Musik war kaum etwas zu hören; es wurde auch kein Alkohol ausgeschenkt, denn der Tanz war eher ein vierzehntägiges Nachbarschaftstreffen für junge Ehepaare.

Ich drängte »Jim« noch ein letztes Mal, sein Leben zu ändern und den Whisky aufzugeben, aber er meinte, es sei zu spät dazu. Als ich ihn ansah, fühlte ich mit ihm so großes Mitleid, wie ich es noch nie mit einem Menschen gefühlt hatte.

Als am nächsten Morgen die Postkutsche nach Greeley vorfuhr, saß Mr. Fodder darin, den ich vom Lower Canyon her kannte. Er erzähte mir, daß er unbedingt einmal nach Estes Park wolle, um dort mit »Mountain Jim« auf die Jagd zu gehen, falls das kein Risiko bedeute. Mr. Fodder war jetzt wie ein englischer Dandy gekleidet, und als ich die beiden einander vorstellte, hielt er »Jim« eine schmale Hand hin, die in einem perfekt sitzenden zitronenfarbenen Glacéhandschuh steckte. Als der Trapper in seiner grotesken Lumpenkleidung dem reichen Parvenu gegenüberstand, erkannte man an seiner ganzen Haltung den echten Gentleman. Bei der Abfahrt begann Mr. Fodder amüsant zu plaudern, und mir wurde gar nicht so recht bewußt, daß mein Aufenthalt in den Rocky Mountains zu Ende war, noch nicht einmal, als ich »Mountain Jim« auf seiner Araberstute langsam in Richtung Estes Park davonreiten sah, auf einem Sattel, in dem ich achthundert Meilen zurückgelegt hatte!

Eine mehrstündige Fahrt über die Plains brachte uns nach Greeley, und ein paar Stunden später verschwanden die Rocky Mountains hinter dem Präriemeer in der blauen Ferne.

Nachwort

Forschungsreisen, so meinte Lord Curzon, sind nichts für Frauen: »... ihr Geschlecht wie ihre Erziehung machen sie gleichermaßen untauglich dafür, und die Gattung des professionellen weiblichen Globetrotters, mit der uns Amerika in letzter Zeit bekannt gemacht hat, ist einer der Schrecken des späten 19. Jahrhunderts.«

Ob es Seine Lordschaft nun erschreckte oder nicht, diese »Gattung« war auch in seinem Land längst heimisch. Da gab es zum Beispiel: *Kate Marsden*, eine gelernte Krankenschwester, die sich, mit einem Schlitten voll Plumpudding, zu den Aussätzigen nach Sibirien wagte; *Marianne North*, die mit ihren beiden liebsten Begleitern, der Botanisiertrommel und der Staffelei, den gesamten Globus umrundete; *Mary Kingsley*, die bei den Kannibalen im Urwald von Westafrika auf »Fisch- und Fetischjagd« ging; und natürlich – last not least – *Isabella Bird*, die einen Reisebestseller nach dem anderen schrieb und damit selbst die Queen erfreute.

»Wohlqualifizierte Ladies« nannte die *Royal Geographic Society* jene Gattung reisender Damen, was die Herren dieses erlauchten Clubs jedoch nicht hinderte, sich so lange wie möglich gegen die Mitgliedschaft (und befürchtete Vorherrschaft) der *Petticoats* zu sperren.

Während es im viktorianischen England für eine Frau noch als unschicklich galt, ohne Anstandsdame in den Zug zu steigen, reisten die meisten dieser Ladies völlig allein. Um diese unerhörte Tat vor der Gesellschaft (und vor sich selbst) rechtfertigen zu können, hielt jede von ihnen ein paar stichhaltige Gründe parat. Sie reisten um ihrer Gesundheit willen, um die wissenschaftliche Arbeit des Vaters fortzusetzen, um Heiden zum rechten Glauben zu bekehren, um Missionskrankenhäuser erbauen zu lassen usw. Keine versäumte es, auf die »reiche Fracht an Wissen« hinzuweisen, die sie aus irgendeinem fernen Erdteil mitbrachte. Sie hinterließen eine kleine, aber beeindruckende Bibliothek an Dokumenten, Briefen, Tagebüchern und Reiseberichten, in denen sich, meist zwischen den Zeilen, noch weitere Gründe finden lassen. Eine viktorianische Lady, von Geburt an auf Selbstlosigkeit, Disziplin, Standesbewußtsein und fromme Demut getrimmt, genoß auf Reisen eine Freiheit, wie man sie in ihrem Heimatland bestenfalls der Heldin eines gotischen Schauerromans zubilligte. Jedoch, so unternehmungslustig, risikofreudig und sorglos sich die Lady auch auf Reisen gab, mit dem ersten Schritt auf englischem Boden verwandelte sie sich wieder in eine mustergültige Viktorianerin. War sie z.B. unterwegs nicht davor zurückgeschreckt, sich im Einbaum oder Sampan, im Korbsitz eines Elefanten oder gar auf dem Rücken eines Kulis befördern zu lassen, so bedeutete das keinesfalls, daß sie in London auch in den Bus stieg.

Vom »hohen Ideal der Weiblichkeit«, also der Vorstellung, daß eine Frau durch ihre bloße Gegenwart eine erzieherische Mission erfüllt, wich sie auch unterwegs nicht ab. Erstaunlicherweise zwang sie damit selbst hartgesottene Rauhbeine, wie die Cowboys im Wilden Westen oder die Matrosen eines Kohlendampfers, zu ritterlichem Benehmen.

In punkto Reisebekleidung vertrat sie strikte Vorstellungen. Ein langes schwarzes Kleid schien ihr auch unter tropischer Sonne angebracht. An so etwas Skandalöses wie Hosen dachte sie noch nicht einmal im Traum. Mary Kingsley, sonst nicht als zimperlich bekannt, hätte lieber »das Schafott bestiegen«, als ihre »erdwärts gerichteten Extremitäten« in jenes Kleidungsstück zu stecken, das selbst die Männer mit »die Unaussprechlichen« umschrieben. Man kann sich daher gut vorstellen, mit welcher Empörung Isabella Bird in der ›Times‹ las, sie sei in Colorado in »männlicher Bekleidung« ausgeritten. Davon überzeugt, eine ordentlich gekleidete Lady zu sein, schrieb die wütende Isabella an ihren Verleger John Murray: »Ich kann mir gut vorstellen, daß eine Dame, die männliche Bekleidung trägt, auch dazu imstande ist, einen Kritiker aus geringerem Anlaß zu verprügeln.« Ihr Zorn ließ sich erst wieder besänftigen, als die nächste Ausgabe der »Lady in den Rocky Mountains« das »zweckdienliche und damenhafte« Kleidungsstück zeigte – eine Samtjacke mit knöchellangem Rock, unter dem verschämt ein paar Rüschenpluderhosen hervorlugten.

Als Miss Bird 1874 aus den Rocky Mountains nach Edinburgh zurückkehrte, stellte sie mit Erschrecken fest, daß sie das konventionelle Leben einer gebildeten, wohltätigen »alten Jungfer« nur noch schwer ertragen konnte. Die Pfarrerstochter aus Yorkshire war jetzt 43 Jahre alt (für viktorianische Begriffe also eine alte Frau) und hatte erst vor kurzem entdeckt, daß Reisen für sie das einzige wirksame Heilmittel gegen all die Krankheiten, Angstgefühle und Depressionen war, unter denen sie seit vielen Jahren litt. Seit dem Tod ihrer Eltern lebte sie mit ihrer unverheirateten jüngeren Schwester Henrietta in Edinburgh. Dort führte sie das wohlanständige, aber ziemlich eintönige Leben einer Lady der oberen Mittelklasse. Sobald sie jedoch den gesellschaftlichen und moralischen Zwängen ihres Zeitalters entkam, verwandelte sie sich in eine lebensfrohe, exzentrische Persönlichkeit, die über unerschöpfliche Energie zu verfügen schien. Getreu ihrem Motto »Reisende sind privilegiert, das Unschicklichste mit völliger Schicklichkeit zu tun« schwang sie sich auf Hawaii in die wuchtigen Cowboysättel und ritt im Herrensitz. Diese Art des Reitens bescherte ihr den Schlüssel zur Unabhängigkeit, auch wenn sie dem Leser ihrer Reisebücher immer wieder versichert, es sei nur ein notwendiges Übel. Dieses »Übel« ermöglichte es ihr in den nächsten dreißig Jahren, in Amerika, Asien oder Afrika auf dem nächstbesten Bergpony, Maultier, Araberhengst oder Yak aus der Zivilisation (die sie haßte) in die »unbezähmbare Freiheit der Wildnis« zu fliehen.

Auch in ihr »Rocky Mountain Paradies« kam Isabella auf dem Rücken eines Pferdes. Zwei »unschuldige« junge Männer (siehe Brief VI) begleiteten sie. Einer von ihnen, Platt

Rogers, der spätere Bürgermeister von Denver, erinnerte sich, weshalb es ihnen so schwerfiel, zu Miss Bird freundlich zu sein. Der Wirt in Longmount hatte sie gebeten, eine Dame nach Estes mitzunehmen. Die beiden waren nicht begeistert, sagten aber zu in der Hoffnung, daß sie jung, hübsch und lebhaft sei. Als dann eine rundliche kleine Gestalt in Pluderhosen erschien und in Cowboymanier ritt, waren sie ziemlich enttäuscht.

Wenige Stunden später lernte Isabella einen Mann kennen, den »jede Frau lieben könnte, aber keine Frau mit gesundem Verstand heiraten würde.« ... »Sein eines Auge, sein langes Haar und sein Lederkostüm verliehen ihm das pittoreske Äußere ... das ein romantisches weibliches Herz entzückt«, schrieb Platt Rogers. Auch er selbst blieb von »Rocky Mountain Jim« nicht unbeeindruckt, dessen intakte Gesichtshälfte wie das Profil von Shakespeare wirkte. Das verriet er ihm jedoch lieber nicht, denn er fand, Jim sei schon eitel genug.

Jim Nugent war in jeder Hinsicht ein Mann mit zwei Gesichtern. In nüchternem Zustand war er ein höflicher, hilfsbereiter, kultivierter Gentleman, der Knittelverse dichtete, Artikel über Spiritismus schrieb oder Trapperlatein zum besten gab. Hatte ihn jedoch der »Dämon Whisky« in den Klauen, dann hockte er tagelang in seiner Hütte, brütete über seiner düsteren Vergangenheit und schoß auf jeden, der sich näherte, mit Schrot.

Daß sich zwischen dem Desperado und der »alten Jungfer« eine Romanze anbahnte, klingt fast nach Operette. Schon beim Aufstieg auf den Long's Peak war es Isabella nicht entgangen, daß Jim Gefallen an ihr fand. Sie tat es jedoch als »unerhörte Einbildung« ab, »unverzeihlich für eine Frau von vierzig«. Ihr Wunsch, sich zu einer Erkundungstour durch Colorado aufzumachen, hängt wohl auch damit zusammen, daß ihr die ständigen Aufmerksamkeiten ihres »lieben Desperado« etwas unheimlich wurden. Vielleicht brauchte sie etwas Zeit und Abstand, um sich über ihre Gefühle klarzuwerden. Seine Liebe für die Berge, sein Verständnis für die Natur, sein Humor, sein ritterliches Benehmen, seine literarische Ader und sein irisches Erzähltalent waren in ihren Augen große Pluspunkte. Seine Abhängigkeit vom Whisky fand sie jedoch unwürdig und abstoßend, seine gelegentlichen Launen schwer zu ertragen. »Er ist so liebenswert und doch so schrecklich«, schrieb sie an ihre Schwester Henrietta. Schließlich entschied sie sich gegen eine Heirat und kehrte zu der verläßlichen Liebe ihrer Schwester nach Edinburgh zurück.

Als Isabella ihr »Rocky Mountain Paradies« entdeckte, hatte es erst eine kurze (weiße) Geschichte hinter sich. Die Indianer, die im Gebiet um Estes schon seit Urzeiten jagten, hinterließen kaum Spuren. Anfang des 19. Jahrhunderts erschienen die ersten Trapper und Pelzjäger, die sogenannten Mountainmen. Die meisten von ihnen waren rauhe, trinkfeste Burschen, die nach eigenen Gesetzen lebten und nichts dabei fanden, ihren »Wigwam« mit einer Squaw zu teilen. Mitte des Jahrhunderts sorgte dann die Eisenbahn dafür, daß mehr und mehr Siedler, Farmer, Rancher, Prospektoren, Sonntagsjäger und Touristen in die Bergeinsamkeit vordrangen. Rancher wie Griff Evans begriffen bald, daß sich Touristen leichter melken ließen als Langhornrinder. Damit entstanden die ersten »Dude Ranches« und Berghotels.

Kurz nach Isabellas Besuch begann der »Ausverkauf« von Estes. Lord Dunraven, ein reicher irischer Earl, hatte es sich in den Kopf gesetzt, den Park für sein privates Jagdvergnügen zu erwerben. Um dieses Ziel zu erreichen, war ihm bzw. seinem Agenten* jedes Mittel recht. Die Siedler leisteten erbitterten Widerstand. »Rocky Mountain Jim« drohte gar, über die ganze schmutzige Angelegenheit ein Buch zu schreiben. Kein Zweifel, der Desperado, dessen Hütte auch noch am einzigen Zugang zum Park lag, mußte verschwinden.

* Der Herr mit den zitronenfarbenen Glacéhandschuhen, s. Brief XVII.

Möglicherweise ließ sich Griff Evans, der bis zum Hals in finanziellen Schwierigkeiten steckte, dafür bezahlen, bei der nächstbesten Provokation auf Jim zu schießen. Jim überlebte, allerdings nur für ein paar Wochen, mit einer Schrotkugel im Kopf. Bevor er jedoch vor Gericht gegen Evans aussagen konnte, war er tot. Mitten auf der Straße »fiel er um wie ein wohlerlegtes Karnickel«, vermerkte ein Jagdfreund des Earl zufrieden. Evans ging straffrei aus und lebte noch mehrere Jahre in Estes. Lord Dunraven fand wenig Vergnügen an seinem Besitz, denn Jahr um Jahr entdeckten mehr Touristen den Park. Isabellas enthusiastisches Rocky-Mountain-Buch war daran nicht ganz unschuldig. Der Earl verkaufte schließlich und ging nach Irland zurück.

Das heutige Estes Park ist eine Kleinstadt, die einem Schweizer Bergkurort ähnelt. Jährlich kommen bis zu 3 000 000 Besucher hierher. In den unzähligen kleinen Lädchen findet man vom Cowboyhut bis zum Muschelkästchen jede Art von Souvenir. Wer auf Isabellas Spuren wandeln will, wird allerdings enttäuscht. Die Evans Ranch liegt inzwischen unter einem Stausee, von Rocky Mountain Jims Hütte fehlt jede Spur. An Isabella selbst erinnert nur noch eine Gipsbüste im Museum und ein Isabella-Bird-Restaurant, in dem man einen »Isabella-Big-Burger« verzehren kann. Wem Touristenrummel nicht liegt, der sollte lieber gleich in den nahegelegenen »Rocky Mountain National Park« entfliehen. Auf den einsamen Wanderpfaden dort kann man auch heute noch die Begeisterung nachempfinden, mit der Isabella die Bergwelt der Rockies beschrieb.

Nach ihrem Rocky Mountain Abenteuer kehrte Isabella gesund und munter zu Henrietta zurück. Es dauerte jedoch nicht lange, bis sich die alten Krankheitssymptome – Rükkenschmerzen, Migräne, Rastlosigkeit und Depressionen – wieder einstellten. Eine neue Reise wurde fällig, und diesmal entfloh sie dem »ewig düsteren schottischen Himmel« nach Japan.

In dieser Zeit traf sie ein harter Schicksalsschlag. Henrietta starb. Die beiden völlig verschiedenen Schwestern hatten sich bestens ergänzt. »Hennie« war fromm, demütig, selbstlos und häuslich und besaß damit all die viktorianischen Tugenden, die man an einer Frau so bewunderte. Sie war Isabellas bestes Publikum, die Inspiration für ihre Bücher, der feste Halt in ihrem Leben. Den Grundstock ihrer Reisebücher bildeten die Briefe, die sie unterwegs an ihre Schwester schrieb. Mit Hennies Tod war »... die Freude, wenn auch nicht das Interesse am Reisen ... gestorben.« Ihre späteren Bücher beweisen das. Sie sind in jeder Hinsicht gewichtiger, mit Moralpredigten, statistischen, politischen und historischen Informationen überladen. Mit ihren ersten Reisebüchern gewann sie die Gunst der Leserschaft, ihre späteren Reisen brachten ihr jedoch die Mitgliedschaft in der Royal Geographic Society.

Ein Jahr nach Hennies Tod heiratete Isabella, immer noch in tiefste Trauerkleidung gehüllt, ihren langjährigen Verehrer Dr. John Bishop. John war ein humorvoller, selbstloser Mensch, der geliebten Henrietta im Charakter ähnlich. Böse Zungen behaupten gar, sie hätte ihn nur deshalb geheiratet. In den nächsten fünf Jahren nahm Isabellas Trauer um Henrietta fast morbide Züge an. Ihre Ehe wurde davon so sehr überschattet, daß sie ihren Mann erst schätzen lernte, als auch er im Sterben lag.

»In Isabellas Gunst habe ich nur einen mächtigen Rivalen«, hatte Dr. Bishop einmal gesagt, »und das ist das hohe Tafelland von Zentralasien.« Dorthin fuhr sie nach seinem Tod. Unter dem Vorwand, Missionskrankenhäuser erbauen zu wollen, unternahm sie in den nächsten Jahren eine Reihe höchst riskanter, strapaziöser Expeditionen – nach Persien, Kurdistan, Tibet, Ladakh, Korea und durch die chinesischen Provinzen. Ihre Bücher verkauften sich immer noch gut, aber es fehlte ihnen der zündende Funke.

Mit siebzig schrieb sie ihrem Freund, dem Verleger John Murray, ihre Zeit des Reisens sei nun endgültig vorbei, um kurz darauf nach Marokko zu entschwinden. Auf einem riesigen Schlachtroß, das sie nur mit einer Leiter besteigen konnte, ritt sie ins Atlasgebirge. Die Scheichs der Berber staunten vermutlich nicht schlecht, als die weißhaarige alte Dame vor ihrem Palast auftauchte.

1904, im Alter von 73 Jahren, starb Isabella Bird in Edinburgh. In der Ecke ihres Sterbezimmers standen ein paar Koffer – vollgepackt, fertig für die nächste Reise.

Silvia Dörfle

Weitere Titel aus der Reihe
Die Frau in der Literatur

MAGDA SZABÓ
Eszter und Angela
Mit einem Nachwort von
Geraldine Gabor
Ullstein Buch 30163

ALESSANDRO PICCOLOMINI
La Raffaella
Gespräch über die feine Erziehung der Frauen
Mit einem Nachwort von
Klaus Ley
Ullstein Buch 30164

ULRICH JANETZKI (Hrsg.)
Henriette Herz Berliner Salon
Mit einem Nachwort von
Ulrich Janetzki
Ullstein Buch 30165

RENÉ SCHICKELE
Die Witwe Bosca
Mit einem Nachwort von
Ursula Schenk
Ullstein Buch 30166

EMMY HENNINGS
Gefängnis
Mit einem Nachwort von
Heinz Ohff
Ullstein Buch 30167

EDGAR ALLAN POE
Ligeia
und andere Erzählungen
Mit einem Nachwort von
Liliane Weissberg
Ullstein Buch 30168

MARLEN HAUSHOFER
Die Wand
Mit einem Nachwort von
Klaus Antes
Ullstein Buch 30169

JACK ZIPES
Rotkäppchens Lust und Leid
Biographie eines europäischen Märchens
Beschrieben und dokumentiert von Jack Zipes
Ullstein Buch 30170

EVA WEISSWEILER (Hrsg.)
Fanny Mendelssohn
Mit einem Nachwort von
Eva Weissweiler
Ullstein Buch 30171

CHARLOTTE PERKINS GILMAN
Die gelbe Tapete
und andere Erzählungen
Mit einer Einleitung
von Ann J. Lane
Ullstein Buch 30172

JAMES HADLEY CHASE
Eva
Mit einem Nachwort von
Jörg Fauser
Ullstein Buch 30173

BIRGIT PAUSCH
Bildnis der Jakobina Völker
Mit einem Nachwort von
Uwe Schweikert
Ullstein Buch 30174

GUNTHER TIETZ (Hrsg.)
Malwida von Meysenbug
Mit einem Nachwort von Gunther Tietz
Ullstein Buch 30175

JEAN TOOMER
Zuckerrohr
Mit einem Nachwort von Monika Plessner
Ullstein Buch 30176

LOU ANDREAS-SALOMÉ
Ródinka
Russische Erinnerung
Mit einem Nachwort von Jutta Prasse
Ullstein Buch 30177

LEONORA CARRINGTON
Die ovale Dame
Magische Erzählungen
Mit einem Nachwort von Heribert Becker
Ullstein Buch 30178

ELSA TRIOLET
Das große Nimmermehr
Mit einem Nachwort von Manuela Reichart
Ullstein Buch 30179

VITA SACKVILLE-WEST
Eine Frau von vierzig Jahren
Mit einem Nachwort von Ingrid von Rosenberg
Ullstein Buch 30180

C. F. RAMUZ
Die Schönheit auf der Erde
Mit einem Nachwort von Hanno Helbling
Ullstein Buch 30181

SIGRID UNDSET
Jenny
Mit einem Nachwort von Annie Carlsson
Ullstein Buch 30182

JOSEPH VON EICHENDORFF
Das Marmorbild
Erzählungen und Gedichte
Mit einem Nachwort von Willi Winkler
Ullstein Buch 30183

MARÍA LUISA BOMBAL
Die neuen Inseln
Erzählungen
Mit einem Nachwort von Thomas Brons
Ullstein Buch 30184

I. GREKOWA
Der Witwendampfer
Mit einem Nachwort von Helen von Ssachno
Ullstein Buch 30185

Marthe
Briefroman
Mit einem Nachwort von Bernard de Fréminville
Ullstein Buch 30186

JULIEN GREEN
Adrienne Mesurat
Mit einem Nachwort von
Julien Green
Ullstein Buch 30187

SUSANNE LEDANFF (Hrsg.)
Charlotte Stieglitz
Geschichte eines Denkmals
Mit einem Nachwort von
Susanne Ledanff
Ullstein Buch 30188

MARTIN ANDERSEN-NEXØ
Ditte Menschenkind
Mit einem Nachwort von
May Nexø-Hahn
Ullstein Buch 30189

ALBERTINE SARRAZIN
Kassiber
Mit einem Nachwort von
Werner Bökenkamp
Ullstein Buch 30190

HALDÓR LAXNESS
Salka Valka
Mit einem Nachwort von
Anni Carlsson
Ullstein Buch 30191

MYRIAM WARNER-VIEYRA
Juletane
Mit einem Nachwort von
Irmgard Rathke
Ullstein Buch 30192

JEAN RHYS
Lächeln bitte!
Unvollendete Erinnerungen
Mit einem Nachwort von
Diana Athill
Ullstein Buch 30193

VICTOR MARGUERITTE
Dein Körper gehört dir
Mit einem Nachwort von
Karin Petersen
Ullstein Buch 30194

CYPRIAN EKWENSI
Jagua Nana
Mit einem Nachwort von
Willfried F. Feuser
Ullstein Buch 30195

CÉCILE INES LOOS
Der Tod und das Püppchen
Mit einem Nachwort von
Charles Linsmayer
Ullstein Buch 30196

GIUSEPPE MAROTTA
Frauen in Mailand
Mit einem Nachwort von
Klaus Antes
Ullstein Buch 30197

CAROLA HANSSON/
KARIN LIDEN
Unerlaubte Gespräche mit Moskauer Frauen
Mit einem Nachwort
der Autorinnen
Ullstein Buch 30198

LOU ANDREAS-SALOMÉ
Das Haus
Mit einem Nachwort von
Sabina Streiter
Ullstein Buch 30199

WILLA CATHER
Meine Antonia
Mit einem Nachwort von
Frank Dietschreit
Ullstein Buch 30200

CHARLOTTE BRONTË
Villette
Mit einem Nachwort von
Sabrina Hausdörfer
Ullstein Buch 30201

VIOLET TREFUSIS
Ringlein, Ringlein,
du mußt wandern
Mit einem Nachwort von
Ingrid von Rosenberg
Ullstein Buch 30202

VERENA WYSS
Versiegelte Zeit
Mit einem Nachwort von
Klara Obermüller
Ullstein Buch 30203

HENRI GUILLEMIN
ADÈLE
Die Königstochter
Victor Hugos
Mit einem Nachwort von
Bettina Klingler
Ullstein Buch 30204

GERTRUD FUSSENEGGER
Ein Spiegelbild
mit Feuersäule
Mit einem Nachwort von
Werner Ross
Ullstein Buch 30205

CLAIRE GOLL
Der gestohlene Himmel
Mit einem Nachwort von
Anna Rheinsberg
Ullstein Buch 30206

MARGARET ATWOOD
Die Unmöglichkeit
der Nähe
Mit einem Nachwort von
Helga Pfetsch
Ullstein Buch 30207

UNICA ZÜRN
Das Weisse mit dem
roten Punkt
Texte und Zeichnungen
Mit einem Nachwort von
Inge Morgenroth
Ullstein Buch 30208

DIANA VIC
Flüstern im Galil
Mit einem Nachwort von
Ernst Geipel
Ullstein Buch 30209

LEONOR FINI
Rogomelec
Selbstporträt
Pseudonyme
Ullstein Buch 30210

ANONYMUS
Bekenntnisse einer Giftmischerin
Mit einem Nachwort von
Frank Dietschreit
Ullstein Buch 30211

DANIEL DEFOE
Die glücklichen und unglücklichen Begebenheiten der vielberufenen Moll Flanders
Mit einem Nachwort von
Joachim Möller
Ullstein Buch 30212

ISADORA DUNCAN
Memoiren
Mit einem Nachwort von
Gregor Gumpert
Ullstein Buch 30213

ELIZA ORZESKOWA
Marta
Mit einem Nachwort von
Ruth E. Müller
Ullstein Buch 30214

KATHERINE MANSFIELD
Sweet Old Lady und andere Erzählungen
Mit einem Nachwort von
Hilde Spiel
Ullstein Buch 30215

HEINZ-GEORG HELD (Hrsg.)
Maria Magdalena Die heilige Sünderin
Mit einem Nachwort von
Heinz-Georg Held
Ullstein Buch 30216